21 世纪应用性本科经济管理规划教材

基础会计岗位模拟实训

主　编　李　楠　　隋英杰
副主编　王泽淳　　刘　明

立信会计出版社
LIXIN ACCOUNTING PUBLISHING HOUSE

图书在版编目(CIP)数据

基础会计岗位模拟实训 / 李楠,隋英杰主编. —上海:立信会计出版社,2018.10
ISBN 978-7-5429-5991-1

Ⅰ.①基… Ⅱ.①李…②隋… Ⅲ.①会计学 Ⅳ.①F230

中国版本图书馆 CIP 数据核字(2018)第 238167 号

策划编辑　　　余　榕
责任编辑　　　余　榕

基础会计岗位模拟实训

出版发行	立信会计出版社			
地　　址	上海市中山西路 2230 号	邮政编码	200235	
电　　话	(021)64411389	传　　真	(021)64411325	
网　　址	www.lixinaph.com	电子邮箱	lxaph@sh163.net	
网上书店	www.shlx.net	电　　话	(021)64411071	
经　　销	各地新华书店			
印　　刷	常熟市梅李印刷有限公司			
开　　本	787 毫米×960 毫米　1/16			
印　　张	14.25			
字　　数	194 千字			
版　　次	2018 年 10 月第 1 版			
印　　次	2018 年 10 月第 1 次			
印　　数	1—3100			
书　　号	ISBN 978-7-5429-5991-1/F			
定　　价	33.00 元			

如有印订差错,请与本社联系调换

21世纪应用性本科经济管理类专业规划教材编委会

主　任　李定清

副主任　罗　勇(常务)　张　伟　陈立万　陈　京

委　员　(排名不分先后)

廖仕利　李定清　黄钟仪　陈立万

杨　愚　肖啸空　罗　勇　陈　京

赵小雨　张　华　王红云　袁培生

隋英杰

总序 PREFACE

从世界高等教育改革的发展趋势看,我国高等教育可分为研究性大学、应用性大学和技能岗位性大学。应用性大学是为了满足高等教育大众化需求应运而生的大学新类型,与我国经济结构调整和社会经济发展相适应。它的办学理念和发展定位既有别于"研究性"大学,也有别于我国传统的"学术性"普通高等院校,而是将自身类型定位于教学主导型,将发展目标定位于服务应用型,将人才目标定位于直接面向生产、建设、管理、服务第一线培养高级应用型人才的普通高等院校。

我国传统的本科教育,一直推行的是"理论(知识、学术)导向"的教学体系。这种教学体系是以传授知识为主,理论重于实践,缺乏学生实践能力的培养。德国应用科技大学(Fachhochschule,缩写FH)是20世纪六七十年代联邦德国出现的高等学校,现已发展成为普遍公认的德国高校的最重要类型之一。德国FH教学体系的特点是:在办学理念上,直接指向市场需求和社会经济发展的实际需要,始终坚持"为职业实践而进行科学教育";在培养目标上,突出技术应用与开发能力的培养,教学过程具有很强的实践性,并十分重视职业导向。因此,应用性本科人才培养具有教育类别的职业性、教育层次的高等性、职业岗位的基层性、人才类型的应用性、社会需求的导向性等特征。

我国越来越多的普通高等院校设置了经济管理类专业。2006年教育部的数据表明在全国普通高校中经济类专业布点1 518个,管理类专业布点4 328个。其中除少数院校设置的经济管理专业偏重理论教育外,绝大部分属于应用性专业。应用性经济管理专业是培养社会主义市场经济发展所需要的,以综合职业能力为本位,具有创新精神和实践能力的高素质应用性专门人才为目标。这就要求应用性经济管理专业注重职业岗位和职业素养,突出实践性和应用性,以及经济管理人才培养具有丰富的社会知识和较强的人文素质及创新精神。因此,为了适应应用性经济管理专业教学的需要,在立信会计出版社的策划下,我们组织了一批长期从事教学一线的高职称教师,编写了21世纪应用性本科经济管理规划教材。

本规划教材是按照高等学校经济管理本科专业规范、人才培养方案和职业能力标准要求而编写的,体现了理论性、职业性、实践性和系统性的特点。在编写本规划教材过程中,力求做到以下几点:一是体系完整、内容新颖。规划教材涵盖经济、管理类相关专业的核心课程,每门课程都遵循相关法律法规,基础理论与专业能力有机融合,把握相关课程之间的关系,整个系列丛书形成一套完整、严密的知识结构体系。同时,借鉴国外最新的教材,融会当前有关经济管理的最新理论和实践经验,用最新知识充实教材内容。二是案例教学,适应性强。规划教材具备大量案例研究分析,让学生在学习过程中理论联系实际,特别是列举了我国经济管理工作中的实际案例,这可大大增强学生分析问题和实际操作能力。同时,充分考虑经济管理类专业特点,使教学内容与方法符合人才培养目标的要求。三是创新体例、注重能力。针对应用性本科的特点,编写体例是按照章节内容前有"内容提要""导入案例",章节内容后有"思考题""练习题""案例分析题"进行设计;在阐述基本内容时,对于重要的知识点或法规依据采用"温馨提示""特别提醒"方式,引起学生学习时特别注意,以提高学生学习能力和效率。

本规划教材的出版得到了立信会计出版社的大力支持,在此致以衷心的谢意。尤其是余榕编辑大力协助才促使本规划教材得以顺利出版。由于编者学识水平有限,时间紧迫,加之探索具有中国特色的应用性本科教材是一项长期而艰巨的任务,本规划教材难免有不当之处,甚至存在疏漏,恳请读者批评指正,以便以后修订时补充提高。

21世纪应用性本科经济管理规划教材编委会
2018年10月

前言 FOREWORD

随着我国经济的不断发展，会计学科随着计算机的迅猛发展，不断更新变革，愈发信息化。学生为了成为满足社会需要的应用型复合会计人才，不仅要具备系统、深厚的会计理论知识，更需要积累丰富的实践经验。会计实训是连接会计理论和实践的桥梁与纽带。为了帮助会计初学者入门，使其对会计专业的学习产生兴趣，提高学习效率，我们结合多年会计教学经验，在理论结合实践的基础上编写了这本《基础会计岗位模拟实训》教材。本教材是与"基础会计"课程相配套和衔接的一本会计实务操作教材，主要是配合"基础会计"课程的教学，让在校学生在理解会计专业理论知识的同时，更好地掌握会计实务操作技能。

随着财税制度的不断改革，结算方式、货物运输方式等变得更加快捷和多样化，尤其是"营改增"的全面实施极大地触动了企业会计日常核算行为，使其更加规范，更加有据可依。为了及时更新知识，在编写过程中，我们对教材进行了全新设计，力求做到全面、系统、仿真、新颖，使教材更具操作性和实用性，使单据与实务相吻合。本实训教材的特点体现在以下几个方面：

（1）仿真性。本实训教材精选制造企业典型经济业务作为实训业务，根据最新的《企业会计准则》和税收法规，借助信息技术将会计工作中常见的单据及账证表全部仿真制作，学生可以在完全模拟企业会计工作场景的情况下进行实训，从而迅速具备会计上岗能力。

（2）时效性。业务选取在全面实行"营改增"以后，外来的原始发票都是"营改增"后由国家税务局提供给企业的，新颖、规范，在业务内容的选择上既具有普遍性，也具有行业特色。

（3）全面性。本实训教材模拟了某企业12月的业务，从会计核算流程来讲，涵盖了建账、审核和填制凭证、登记账簿、成本计算、财产清查、编制会计报表等完整步骤;从内容来讲,有材料的采购与发出的核算、销售业务的核算、产品成本的核算、应付职工薪酬的核算、财产清查等,旨在通过实训使学生对会计工作有一个基本的整体认识。

(4)通用性。本实训教材为使用者配备了电子版专用记账凭证、账簿及报表,为实训过程中资料的实用性和统一性提供了方便。本实训教材既可以作为会计基础实训教材(单轮模岗),也可以作为会计综合实训教材(多轮轮岗),同时还可以用于手工实训与会计电算化会计实训的衔接教材。

本书由李楠、隋英杰担任主编,王泽淳、刘明担任副主编。由于会计实训教程涉及大量的单据和数据设计,并且数据间的钩稽要求严格,尽管我们很努力,因水平有限,书中难免有疏漏和不足之处,敬请广大会计界同仁和读者批评指正。

本实训教材配备了"实验材料"(见前言末二维码),提供实训所需的记账凭证、日记账、总分类账、明细分类账、试算平衡表、会计报表等,方便读者下载打印使用。

《基础会计岗位模拟实训》教材编写组
2018年10月

实验材料

目录 CONTENTS

项目1 实训的目的、要求及组织 …………………………………………… 1
    一、实训的目的 ………………………………………………………… 1
    二、实训的要求 ………………………………………………………… 1
    三、实训的组织 ………………………………………………………… 2

项目2 实训的岗位设置及岗位轮换办法 ………………………………… 3
    一、岗位设置 …………………………………………………………… 3
    二、岗位轮换办法 ……………………………………………………… 4

项目3 实训的操作程序 …………………………………………………… 5
    一、单轮模拟岗位实训 ………………………………………………… 5
    二、多轮模拟轮岗实训 ………………………………………………… 6

项目4 实训的考核体系 …………………………………………………… 9
    一、实训考核体系的构成 ……………………………………………… 9
    二、实训考核体系的各部分说明 ……………………………………… 9

项目5 实训的内容 ………………………………………………………… 12
    一、企业基本情况 ……………………………………………………… 12
    二、会计核算的有关规定 ……………………………………………… 12
    三、实训的步骤 ………………………………………………………… 13

项目6　实训的会计核算资料 …………………………………………… 16
　　一、期初建账资料 ………………………………………………… 16
　　二、本月基本经济业务 …………………………………………… 22

附录 ………………………………………………………………………… 175
　　附录1　经济业务的说明与提示 ………………………………… 175
　　附录2　空白凭证样式及填写说明 ……………………………… 180
　　附录3　会计基础工作规范 ……………………………………… 193
　　附录4　会计核算的基本规范 …………………………………… 205

项目1 实训的目的、要求及组织

一、实训的目的

基础会计岗位模拟实训的目的如下：

(1) 学生在学习了会计的基本理论和方法的基础上，通过实际业务的处理，初步掌握各种会计核算方法及程序操作的基本技能。具体应着重掌握：建账的方法；填制与审核原始凭证、填制与审核记账凭证、编制科目汇总表等方法与程序；登记现金日记账、银行存款日记账以及登记各种明细分类账和总分类账的方法与程序，并掌握结账、对账、更正错误、编制资产负债表与利润表的基本技能。

(2) 学生在对会计核算实际操作的过程中，要把具体核算步骤同所学的基本理论和基本知识结合起来，通过边实训、边学习、边思考和边总结的过程，加深理解和巩固所学的会计的基本理论和方法，并弥补书本知识上的不足，进一步提高对会计基本理论和方法的掌握，并加深对所学专业的认识，为今后进一步学习会计专业知识，并为将来能更好地适应实际会计工作奠定坚实的基础。

(3) 学生通过会计核算原理实训课的实践，初步培养作为一名合格会计人员所应具备的各种工作作风和业务素质。具体包括：坚持原则、实事求是，严格按照财务制度和有关的财经法规正确处理每笔会计事项；刻苦钻研、勇于思考，不断提高知识水平和业务能力；认真、细致、一丝不苟，兢兢业业地做好每一项工作；不怕困难、任劳任怨，正确对待工作中的顺利与曲折；团结互助、密切合作，正确处理工作岗位之间的关系；解放思想、勇于开拓，不断探索新情况和解决新问题。

二、实训的要求

基础会计岗位模拟实训的要求如下：

(1) 以模拟企业实际发生的经济业务作为实验内容。实训时间为4~6周，实训时间安排在专业课讲授完之后进行。

(2) 实训中使用的会计凭证、会计账簿和会计报表均应采用现行企业使用的标准、规范和格式。

（3）进行实训的学生，应以端正、认真的态度，高度的责任心，进入实验角色，并在实训指导教师的安排和指导下，严格按实训操作程序进行，精益求精、保质保量地在规定的时间内完成实验任务。

（4）实训中要依据现行的财务会计制度、相应的财经法规和有关的会计工作规定、规则，处理会计事项。要求做到：书写规范、字迹清晰、资料整洁、内容完整、计算准确、凭证和账簿装订要符合要求。

（5）实训完毕，实训指导教师应根据实验人员以上各项要求的完成情况，评定出实验成绩。

三、实训的组织

基础会计岗位模拟实训可有以下几种组织形式，可根据情况灵活采用：

（1）分组实训。每5人组成一组，组员共同讨论，略有分工，共同完成会计实训。

（2）分组分角色实训。3人左右组成一组，小组每一成员均有固定角色（如出纳、会计、主管会计等），在分工、牵制的基础上共同完成会计实训。

（3）单人实训。即每一个参加实训的人员均要独立完成会计实训的全过程，在实训过程中分别充当不同的角色。

项目 2 实训的岗位设置及岗位轮换办法

一、岗位设置

会计岗位一般可分为：会计机构负责人或者会计主管人员、出纳、财产物资核算、工资核算、成本费用核算、财务成果核算、资金核算、往来核算、总账报表、稽核、档案管理等。为方便实训的进行，每 5 个同学为一组，在此基础上成立会计科，该会计科设置以下 5 个会计岗位：出纳会计岗位、成本及损益会计岗位、财产物资及债权债务会计岗位、稽核及会计档案保管岗位、总账及报表会计岗位，其中从事总账及报表会计岗位的人员为会计科科长。各岗位相关职责可依据本企业会计制度作如下规定。

1. 出纳会计岗位
(1) 负责现金的收付。
(2) 负责银行票据的填制。
(3) 负责登记现金日记账、银行存款日记账，并进行日清月结。
(4) 每日核对库存现金，定期与银行核对银行存款日记账，保证货币资金的安全完整。

2. 成本及损益会计岗位
(1) 负责工资与奖金的分配与核算。
(2) 负责工资中个人所得税的计算并进行纳税申报。
(3) 负责计算提取应付福利费、工会经费及职工教育经费。
(4) 负责产品生产成本的计算。
(5) 负责登记材料采购、生产成本、制造费用、管理费用、财务费用、主营业务收入、其他业务收入、税金及附加，以及其他成本类、损益类明细账簿。
(6) 负责增值税、消费税、企业所得税及其他税种的计算与纳税申报。

3. 财产物资及债权债务会计岗位
(1) 计算提取固定资产折旧。
(2) 负责登记原材料、周转材料、固定资产、累计折旧、应收账款、其他应收款、应付职工薪酬、应交税费、长期借款及其他资产类、负债类明细账簿。
(3) 负责登记实收资本、资本公积、盈余公积、本年利润、利润分配等所有者权益类明细账簿。

(4) 参与财产物资的清查盘点。

(5) 负责债权债务的核对。

4. 稽核及会计档案保管岗位

(1) 负责审核实际发生的经济业务或财务收支是否符合现行法律、法规、规章制度的规定。

(2) 负责审核会计凭证和会计账簿的记录,保证账证、账账和账实相符。

(3) 负责审核会计报表,保证其准确性。

(4) 负责保管财务印鉴,并就出纳所填制的银行结算单据进行审核,并在结算单据上加盖财务印鉴。

(5) 负责审核单位自制原始凭证的填制内容,并在单位对外的原始凭证上加盖财务专用章或相关印鉴。

(6) 保管会计凭证、账簿、报表及其他重要会计档案。

5. 总账及报表会计岗位

(1) 组织本部门会计工作。

(2) 负责总账的登记。

(3) 负责编制会计报表。

(4) 负责财务分析报告的撰写。

二、岗位轮换办法

岗位轮换办法如下:出纳会计岗位、财产物资及债权债务会计岗位、成本及损益会计岗位、稽核及会计档案保管岗位、总账及报表会计岗位轮换,轮换的时间根据实验内容的完成或可根据实验学时的安排,将每一课时折算为自然天数,可按折算的天数,每2~3天轮岗一次。岗位轮换示意图如图2-1所示。

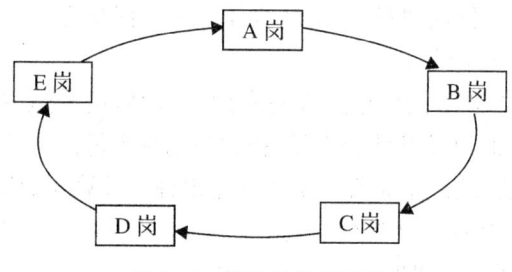

图2-1 岗位轮换示意图

其中,A岗:总账及报表会计岗位;B岗:成本及损益会计岗位;C岗:财产物资及债权债务会计岗位;D岗:出纳会计岗位;E岗:稽核及会计档案保管岗位。

项目 3 实训的操作程序

一、单轮模拟岗位实训

(一) 实训对象

本实训适合于会计和财务管理等专业大学二年级学生在学完"基础会计"课程后进行的课程实习。

(二) 参考学时

本实训的参考学时为 24 学时。

(三) 实训操作程序简介

1. 分组分岗和岗前培训(4 学时)

(1) 组织全体学员学习《会计法》《会计基础工作规范》《企业会计准则》等会计法律、法规和制度。

(2) 执行 5 人一组、每人一岗的分组分岗规定,选举小组长为会计主管,并由其组织学习各岗位的规章制度,熟悉岗位工作职责权限。

2. 学生模拟模岗实训操作及填写日志(16 学时)

(1) 确认:根据经济业务的内容提示熟悉会计业务,讨论原始凭证的内涵,并对原始凭证加以审核。

(2) 记录:各岗位根据审核无误的原始凭证填制记账凭证,并做好凭证的粘贴工作,由稽核人完成稽核工作;登记明细账、总账及现金、银行存款日记账。

(3) 计量:进行成本计算。

(4) 报告:编写试算平衡表,并填制利润表和资产负债表。

(5) 将以上实习过程逐日登记日志。

3. 小组研讨和教师阶段总结(2 学时)

研讨小组中出现的各种问题,由教师汇总后作针对性总结。

4. 装订及撰写实训报告、实训体会(2 学时)

(1) 将凭证、账册及报表分类装订成册。

(2) 实训报告按小组填写,实习体会由个人完成。

二、多轮模拟轮岗实训

(一) 实训对象

本实训适合于会计和财务管理等专业学生毕业前综合实训,也可适用于非会计专业(如经济、管理专业)学生在学完"会计学"课程后进行的实训。

(二) 参考课时

本实训的参考学时为64学时。

(三) 实训操作程序简介

1. 第一轮(20学时)

核算程序:记账凭证核算组织形式。

(1) 分组分岗和岗前培训(2学时)。

　　a. 组织全体学员学习《会计法》《企业会计制度》《会计基础工作规范》等财政部下发的法律文件。

　　b. 执行前述5人一组,每人一岗的分组、分岗规定,选举小组长为会计主管,并由其组织学习各岗位的规章制度,熟悉岗位工作职责权限,并学习岗位轮换制度。

(2) 学生模拟模岗实训操作及填写日志(14学时)。

　　a. 确认:根据经济业务的内容提示熟悉会计业务,讨论原始凭证的内涵,并对原始凭证加以审核。

　　b. 记录:各岗位根据审核无误的原始凭证填制记账凭证,并做好凭证的粘贴工作,由稽核岗位人员完成稽核工作;登记明细账、总账及现金、银行存款日记账。

　　c. 计量:根据成本计算程序进行成本计算。

　　d. 报告:编写试算平衡表并填制资产负债表和利润表。

将上述实训过程逐日记入实训日志。

(3) 小组研讨和教师阶段总结(2学时)。

研讨小组中出现的各种问题,由教师汇总后作针对性总结。

(4) 装订存档(1学时)。

将凭证、账册及报表分类装订成册。

(5) 填写小组实训报告和撰写个人实习体会(1学时)。

实训报告按小组填写,实习体会由个人完成。第一轮岗位示意图如图3-1所示。

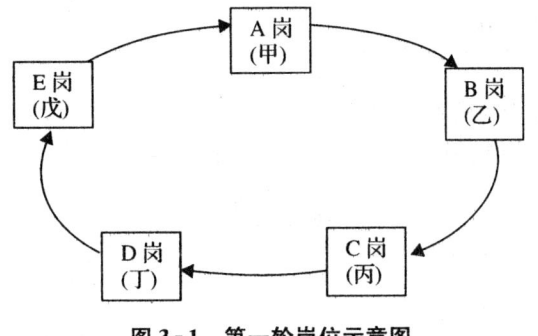

图 3-1 第一轮岗位示意图

2. 第二轮(14 学时)

核算程序:科目汇总表核算组织形式。

(1) 岗位轮换。第二轮岗位示意图如图 3-2 所示。

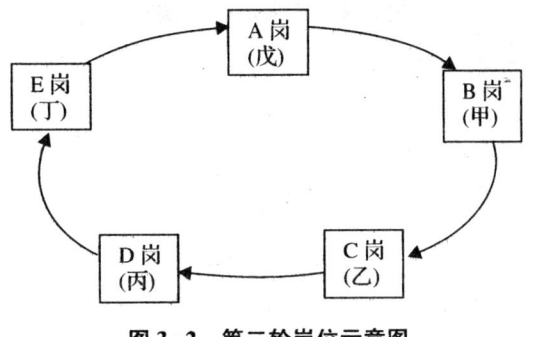

图 3-2 第二轮岗位示意图

(2) 其他实训步骤同第一轮。

3. 第三轮(12 学时)

核算程序:汇总记账凭证核算组织形式。

(1) 岗位轮换。第三轮岗位示意图如图 3-3 所示。

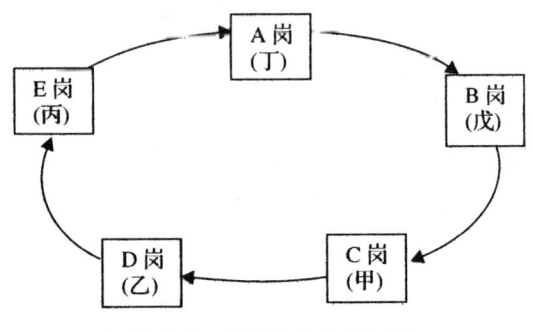

图 3-3 第三轮岗位示意图

(2) 其他实训步骤同第一轮。

4. 第四轮(10 学时)

核算程序:日记总账核算组织形式。

(1) 岗位轮换。第四轮岗位示意图如图 3-4 所示。

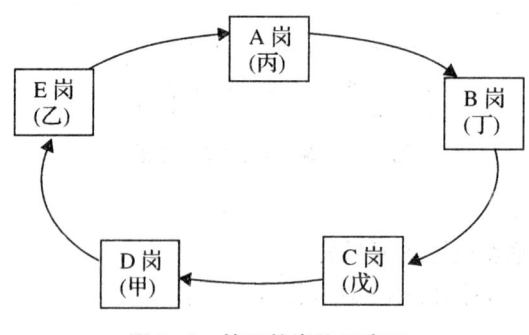

图 3-4　第四轮岗位示意图

(2) 其他实训步骤同第一轮。

5. 第五轮(8 学时)

核算程序:普通日记账核算组织形式。

(1) 岗位轮换。第五轮岗位示意图如图 3-5 所示。

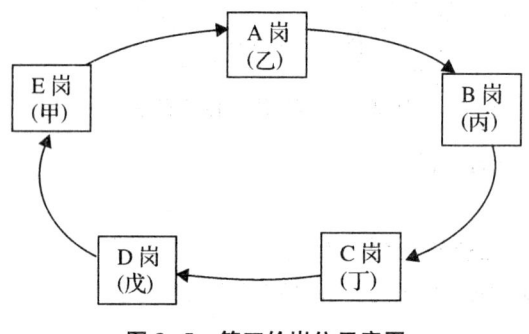

图 3-5　第五轮岗位示意图

(2) 其他实训步骤同第一轮。

项目 4　实训的考核体系

一、实训考核体系的构成

对实训纪律、实训内容和各岗位相关职责履行情况的考核是基础会计岗位模拟实训的重要组成环节,它是贯彻《会计基础工作规范》要求、履行各岗位相关职责、提高实验质量、促进模拟实训顺利进行的有力保证。为此,有必要建立一套科学合理、行之有效、易于操作的实训考核体系,将实训要求与实训项目完成的质量进行指标量化,按量化指标和规定的评分程序,对每一个学生实训运作的全过程进行考核并据此评定成绩。实训考核体系的构成如图4-1所示。

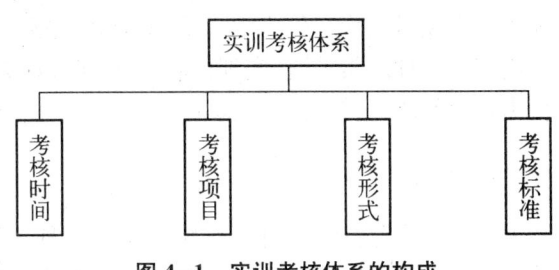

图 4-1　实训考核体系的构成

二、实训考核体系的各部分说明

(一) 考核时间

根据基础会计岗位模拟实训的指导思想和每月经济业务处理的特点,实训的考核分为三个阶段进行:第一次考核时间为完成 1～10 日的全部业务;第二次考核时间为完成 11～20 日的全部业务;第三次考核时间为本月业务全部完成后。

(二) 考核项目

实训考核项目的确定,决定于该实训的要求、环节和内容。具体考核项目应包括以下基本内容:

(1) 实训纪律。严格的实训纪律,是模拟模岗实验有序进行的重要保证。因此实训纪律的考核是十分必要的。考核的具体内容包括:实训制度的遵守情况、实训课堂表现、分工协作情况。

(2) 实训技能。它是基础会计岗位模拟实训的核心。其具体内容包括经济业务的账务处理正确性；填制会计凭证、登记账簿、编制会计报表中文字的书写是否工整；阿拉伯数字书写是否符合要求；装订会计档案质量，以及对会计凭证设计、会计程序、会计方法的分析与修订等项目是否合理等内容。

(3) 各岗位相关职责履行情况。基础会计岗位模拟实训突出各岗位的业务处理。学生在处理各项业务中必须遵循各岗位职责，并相互协作，才能顺利完成实验任务。因此岗位相关职责履行情况是考核的重要内容之一。

(4) 实训日记的撰写。进行基础会计岗位模拟实训，重要的是让学生在过程中体会、在过程中发现问题并解决问题，因此，把每天遇到的问题和解决的方法及时、准确地记录下来是非常必要的。结合实训内容，要求学生撰写实训日记，可以提高学生运用会计理论，认识和解决实际问题的能力；同时，实训日记也是编写实训报告的基本素材。

(5) 实训报告。在完成基础会计岗位模拟实训的全过程之后，学生应根据某一或某几个实训项目的内容作为中心论题，准确地阐述各种性质的经济业务账务处理的依据、相关制度及会计政策，结合实训内容的重点和难点，提出问题，并联系业务及当前社会实际提出具体的改进措施。

（三）考核形式

考核形式包括学生自评和教师评定两种。在实训过程中，学生应明确哪些做法是对的，哪些做法是错的，以及错误发生的主要原因。通过自查、自评，让学生自己找出实验中存在的问题；通过教师检查、评定，对学生在实训过程中好的表现给予肯定和表扬，对存在的问题进一步明确并指出原因所在，这样有利于学生深刻认识问题。

（四）考核标准

对实训考核内容的评定分为评语和百分制评分两种标准。教师可根据实训内容、各岗位职责履行情况、考核内容等制定评分标准，并根据实验整个过程的情况给予书面评定总结。实训考核评分标准如表 4-1 所示，基础会计岗位模拟实训"自主式学习"考核表如表 4-2 所示。

表 4-1

实训考核评分标准

序号	考 核 内 容 和 项 目	评分标准(分)
1	实训纪律：遵守实训制度；分工协作；积极参与实训。	10
2	实训技能： (1) 经济业务的账务处理的正确性。 (2) 文字书写的工整性。	36 6

(续表)

序号	考核内容和项目	评分标准(分)
	(3) 阿拉伯数字书写的规范性。	6
	(4) 会计档案装订质量。	6
	(5) 会计凭证、核算程序等设计、分析的合理性。	6
3	各岗位相关职责履行情况。	10
4	实训日记的撰写质量。	10
5	实训报告的撰写质量。	10
	合　　　计	100

表 4-2

基础会计岗位模拟实训"自主式学习"考核表

班级： 代码：		组成人员及职务：						
选项标准：		A. 很好　　B. 好　　C. 一般　　D. 较差　　E. 差						
		评价项目	A	B	C	D	E
实验内容分项评价	内容质量	1	凭证编制的质量					
		2	各种账簿的质量					
		3	报表编制的质量					
	运用知识的能力	4	证、账、表的形成思路					
		5	各岗位职责的落实程度					
		6	实验报告文字表述能力					
		7	实验报告分析能力					
	设计水平	8	账簿整洁程度					
		9	文字美观实用程度					
		10	整体风格规范程度					
总体评价：	优：　　良：　　中：　　及格：　　不及格：							
评阅人评语	总体结论及分数： 组内成员等级层次：							
评阅人签名								

项目 5 实训的内容

一、企业基本情况

本实训以模拟企业——天安市永泉工业公司 20×8 年 12 月份的经济业务(共 80 笔)为实训内容。进行实训的学生要在指导教师的指导下,根据本实训教材所提供的实训资料(原始凭证及经济业务的说明与提示),采用实际工作中所使用的凭证和账表,按照会计核算的规则和程序,完成从建账→填制与审核原始凭证→填制与审核记账凭证→登记账簿→编制会计报表的整个会计核算全过程。

企业名称：天安市永泉工业公司
厂　　址：天安市大庆路 25 号
开户银行：中国工商银行天安市分行大庆路分理处
账　　号：6221682200804344862
纳税人识别号：810000080045834788
经济性质：国有控股
主管部门：天安市工业总公司
经营范围：工业制品制造
机构设置：公司下设生产车间、车队及各职能科室
会计核算组织：公司财务部一级核算

二、会计核算的有关规定

(1) 会计核算采用记账凭证、科目汇总表和汇总记账凭证等核算组织程序。

(2) 记账凭证采用收款凭证、付款凭证、转账凭证(即专用记账凭证)的形式。

(3) 设"材料采购"账户,材料采购费用按材料重量分配；仓库进行数量明细核算,财务部进行数量、金额核算；发出材料计价采用移动加权平均法(每购进一次材料,就需重新计算一次材料平均单价,并以此单价计算发出材料的成本)。平均单价的计算结果保留小数点后两位,第三位四舍五入。

（4）"生产成本"明细分类账设直接材料、直接人工（包括工资及福利费）、其他直接支出（包括水、电费）和制造费用四个成本项目。

（5）"库存商品"明细分类账平时只进行数量核算，发出产品的单位成本采用月末一次加权平均法计算。

（6）固定资产折旧，为简化核算，采用综合折旧率，月折旧率为0.6%。

（7）职工医药费的报销按社会保险对待。

（8）企业为增值税的一般纳税人，增值税税率为16%；所得税税率为25%；城市维护建设税按应纳增值税额的7%缴纳，纳税期限均为1个月。

（9）企业电话费按公司60%、车间40%分摊。

三、实训的步骤

参与实训的学生在实训之前应对专业课程中所讲述的有关账务处理的基本知识进行复习与巩固。账务处理是会计核算工作的重要组成部分，具体是指：审核与填制会计凭证、设置账户、登记账簿等。与会计的基本理论知识相比，账务处理具有很强的操作性，是会计实务的基本技能。账务处理方法正确、得当，可以提高会计核算的效率，保证会计核算的正确性。

"记账凭证核算组织程序"示范步骤如下：

第一步：岗前培训（4学时）

组织全体学员学习《会计法》《会计基础工作规范》和《企业会计准则》等会计法律、法规和制度。

第二步：建账（3学时）

建账工作包括选用账簿格式、页数；填写账簿启用日期表及账簿经管人员一览表；开设账户、登记账户期初余额、粘贴口取纸等一系列工作。

（1）填写账簿启用日期表与账簿经管人员一览表（订本式账簿扉页均印有这些表格，活页式账簿可将这些表格填好后附在账簿扉页）。

（2）开设账户。本实训应开设总分类账、现金日记账、银行存款日记账以及需要开设的各种明细分类账；各种账簿的格式与页数已在本书第六部分建账资料中列出；在确定了账簿种类及格式后，即可为每一本账簿开设相应的账户。其具体内容及操作程序为：

a. 按各账簿账户的排列顺序，分别填好账户名称（包括一级科目、明细科目等）。

b. 填写建账日期（或期初日期）、摘要（上年结转或期初余额）。

c. 登记期初余额（包括借贷方向、计量单位、单价、金额等）。

（3）粘贴口取纸。这一程序并非必须，但它可帮助会计人员迅速找到某一账户在该账簿中的位置。粘贴方法：先将会计科目填写在口取纸上，然后按排列顺序，从上到下成矩齿形粘贴在每一账页的右侧。

第三步:处理日常经济业务(3学时)

日常经济业务是相对月末结账工作而言的,包括填制与审核原始凭证、填制与审核记账凭证、登记账簿等项工作。其具体内容及操作程序为:

(1) 填制与审核原始凭证。在实际工作中,经济业务是以取得和填制原始凭证来证明其发生的。在本书的第六部分,将永泉工业公司20×8年12月份发生的经济业务所取得和应填制的原始凭证以顺序排号的方式给出;同时为了便于理解和操作,本书附录一还列示了经济业务的说明与提示。实训人员应先在理解经济业务的说明与提示的基础上,对照其业务号在第六部分找出相应的原始凭证(一张或若干张),如某些凭证的填制(空白原始凭证)应根据所给资料填制完整,并对其进行审核。随后将其原始凭证逐份裁剪下来,作为编制记账凭证的依据。

(2) 根据原始凭证填制与审核记账凭证。根据经济业务的说明与提示和已裁剪下来的每一笔业务的原始凭证,对其分析后,编制相应的记账凭证(收款、付款或转账凭证),并将原始凭证附在其后,先用大头针(或曲别针)别在一起,待月终时装订成册。记账凭证应按收字、付字和转字分别编号。

(3) 登记日记账和相关的明细分类账。

a. 根据已编制好的收款凭证和付款凭证,逐笔登记现金日记账和银行存款日记账,并逐笔结出余额。

b. 根据收款凭证、付款凭证、转账凭证和原始凭证,逐笔登记涉及的各明细分类账,并随时结出余额。

(4) 根据记账凭证逐笔登记总账。

第四步:结账和对账,并编制"总分类账户本期发生额及余额试算平衡表"(3学时)

(1) 结账。当本月发生的经济业务全部根据原始凭证和记账凭证过入相应的账户后,就需结算出各个账户借、贷方本期发生额及期末余额,并在这一行下面划一条通栏红线,以示区别,并在"摘要"栏内注明"本月合计"字样。

(2) 对账。结账之后,需将日记账、明细账各账户的本期发生额及期末余额,分别与总分类账中相应账户的本期发生额及余额进行核对,达到账账相符,当发现错误时,需按正确方法予以更正。

(3) 根据总分类账簿资料,编制"总分类账户本期发生额及余额试算平衡表",进行试算平衡。

第五步:编制会计报表(2学时)

(1) 编制资产负债表。

a. 根据第二部分建账资料中给出的账户年初余额数填列"年初余额"栏。

b. 根据已核对无误的有关账簿资料直接或分析计算填列"期末余额"栏。

（2）编制利润表。根据核对无误的有关账簿资料填列"本期金额"栏和"上期金额"栏。

第六步：装订会计凭证及账簿（试算平衡表与会计凭证一并装订）(3学时)

第七步：撰写实训报告(3学时)

实训报告包括的内容有：① 实训内容。② 实训中的问题及解决的方法。③ 实训体会（包括建议）。

第八步：实训小组讨论和教师阶段总结(3学时)

将各小组在实训中遇到的问题进行汇总，由教师作针对性总结。

项目6 实训的会计核算资料

一、期初建账资料

永泉工业公司20×8年12月初建账资料如下。

1. 总分类账账户及余额(采用三栏式账页)

总分类账账户及余额如表6-1所示。

表6-1

总分类账 20×8年12月1日账户及余额　　　　　单位:元

序号	账户名称	年初余额 借方	年初余额 贷方	11月30日余额 借方	11月30日余额 贷方
	一、资产类				
1	库存现金	1 000		8 200	
2	银行存款	152 670		268 477	
3	应收账款	205 200		192 600	
4	其他应收款	5 900		1 800	
5	材料采购				
6	原材料	20 000		46 200	
7	周转材料	13 200		23 200	
8	库存商品			68 340	
9	固定资产	650 200		640 200	
10	累计折旧		32 700		135 100
11	固定资产清理				
12	待处理财产损溢			26 100	
	二、负债类				
13	短期借款		555 950		200 200
14	应付账款		127 760		23 300
15	预收账款				

(续表)

序号	账户名称	年初余额 借方	年初余额 贷方	11月30日余额 借方	11月30日余额 贷方
16	其他应付款		6 110		1 910
17	应付职工薪酬		2 200		27 300
18	应交税费		45 200		25 688
19	应付利润		78 800		93 250
20	应付利息		7 000		2 000
	三、所有者权益				
21	实收资本		240 400		250 000
22	资本公积		45 000		21 200
23	盈余公积		78 200		60 300
24	本年利润				603 000
25	利润分配	150 950		150 950	
	四、成本类				
26	生产成本	20 200		17 181	
27	制造费用				
	五、损益类				
28	主营业务收入				
29	主营业务成本				
30	销售费用				
31	税金及附加				
32	其他业务收入				
33	其他业务成本				
34	管理费用				
35	财务费用				
36	营业外收入				
37	营业外支出				
38	所得税费用				
	合计	1 219 320	1 219 320	1 443 248	1 443 248

2.日记账余额

现金日记账(三栏式账页)11月30日余额为8 200元。

银行存款日记账(三栏式账页)11月30日余额为268 477元。

3.明细分类账账户余额及账页格式

(1)"原材料""周转材料""库存商品"账户。其账户余额及账页格式如表6-2所示。

表 6-2

"原材料""周转材料""库存商品"账户余额及账页格式

账户	所用账页 格式	页数	编号	单位	数量	单价	金额
原材料:							
A 材料	数量金额式	1	101	千克	1 500	12	18 000
B 材料	数量金额式	1	102	千克	800	14	11 200
C 材料	数量金额式	1	103	千克	400	10	4 000
D 材料	数量金额式	1	104	千克	1 200	10.83	13 000
废料	数量金额式	1	107	千克			
小 计		5					46 200
周转材料:							
包装物	数量金额式	1	105	只	1 220	10	12 200
低值易耗品	数量金额式	1	106	件	1 100	10	11 000
小 计		2					23 200
库存商品:							
甲产品	数量金额式	1	01	件	120	234.5	28 140
乙产品	数量金额式	1	02	件	201	200	40 200
小 计		2					68 340

(2) "生产成本"账户(采用多栏式账页)。其账户余额及账页格式如表 6-3 所示。

表 6-3

"生产成本"账户余额及账页格式

明细账户	单位	数量	成 本 项 目(元)				
			直接材料	直接人工	其他直接支出	制造费用	合 计
甲产品	件	80	5 300	1 800	1 341	940	9 381
乙产品	件	40	4 100	1 200	1 250	1 250	7 800
合 计			9 400	3 000	2 591	2 190	17 181

(3) 其他明细分类账账户。其账户余额及账页格式如表 6-4 所示。

表 6-4

其他明细分类账账户余额及账页格式

总分类账户	明细分类账户(或明细项目)	所用账页 格式	所用账页 页数	11月30日余额(元) 借方	11月30日余额(元) 贷方
应收账款	北京橡胶厂	三栏式	1	88 400	
	天津工具厂	三栏式	1	14 000	
	北京机械厂	三栏式	1	90 200	
	南京佳新工厂	三栏式	1		
	长江工具厂	三栏式	1		
	小 计		5	192 600	
其他应收款	张晓东	三栏式	1	600	
	天安市邮电局	三栏式	1	1 200	
	保险公司	三栏式	1		
	小 计		3	1 800	
材料采购	A材料	多栏式	1		
	B材料	多栏式	1		
	C材料	多栏式	1		
	D材料	多栏式	1		
	小 计		4		
固定资产	在用固定资产——车间使用	三栏式	1	400 000	
	——行政管理部门使用	三栏式	1	200 000	
	未使用固定资产	三栏式	1	40 200	
	小 计		3	640 200	

(续表)

总分类账户	明细分类账户(或明细项目)	所用账页		11月30日余额(元)	
		格式	页数	借方	贷方
固定资产清理	NA-6 磨床	三栏式	1		
短期借款	临时借款	三栏式	1		200 200
应付账款	江苏南京工厂	三栏式	1		12 600
	齐鲁工厂	三栏式	1		8 500
	天祥工厂	三栏式	1		2 200
	小　　计		3		23 300
预收账款	天津塑料厂	三栏式	1		
其他应付款	田源未领工资	三栏式	1		410
	国盛运输站	三栏式	1		1 500
	小　　计		2		1 910
应付职工薪酬	工资	三栏式	1		26 100
	职工福利	三栏式	1		1 200
	小　　计		2		27 300
应交税费	应交增值税	三栏式	1		8 600
	应交城市维护建设税	三栏式	1		602
	应交所得税	三栏式	1		16 486
	小　　计		3		25 688
应付利润	应交国家利润	三栏式	1		93 250
应付利息	借款利息	三栏式	1		2 000
实收资本	国家资本	三栏式	1		250 000

(续表)

总分类账户	明细分类账户(或明细项目)	所用账页 格式	所用账页 页数	11月30日余额(元) 借方	11月30日余额(元) 贷方
资本公积	资本溢价	三栏式	1		11 200
	其他转入	三栏式	1		10 000
	小　计		2		21 200
利润分配	提取法定盈余公积	三栏式	1		
	应付利润	三栏式	1		
	未分配利润	三栏式	1	150 950	
	小　计		3	150 950	
制造费用	材料消耗	多栏式	1		
	工资及福利费				
	职教费				
	办公费				
	保险费				
	折旧费				
	其他				
	小　计		1		
主营业务收入	甲产品	三栏式	1		
	乙产品	三栏式	1		
	小　计		2		
主营业务成本	甲产品	三栏式	1		
	乙产品	三栏式	1		
	小　计		2		

(续表)

总分类账户	明细分类账户(或明细项目)	所用账页		11月30日余额(元)	
		格式	页数	借方	贷方
销售费用	（略）	三栏式	1		
其他业务收入	（略）	三栏式	1		
其他业务成本	（略）	三栏式	1		
管理费用	材料消耗 工资及福利费 公司经费 差旅费 职教费 运输费 劳动保险费 修理费 业务招待费 折旧费 其他	多栏式	1		
	小　　计				
财务费用	利息支出 汇兑损益 金融机构手续费 其他	多栏式	1		
	小　　计				
营业外收入	（略）	三栏式	1		
营业外支出	（略）	三栏式	1		

二、本月基本经济业务

20×8年12月，天安市永泉工业公司发生如下经济业务：

业务1

原始凭证1-3-1

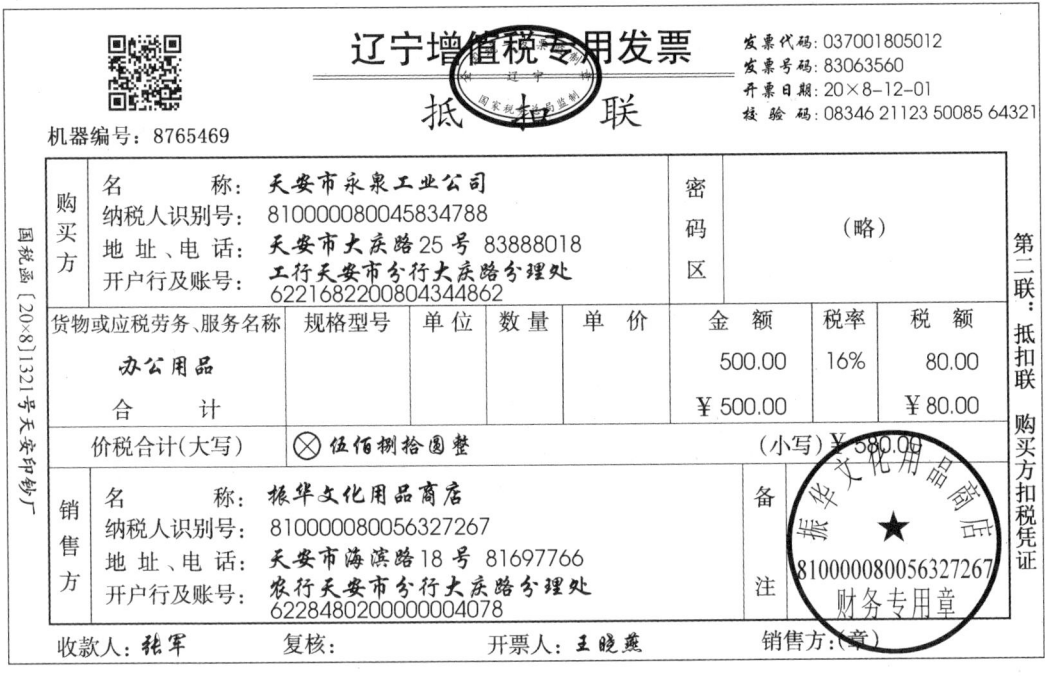

原始凭证1-3-2

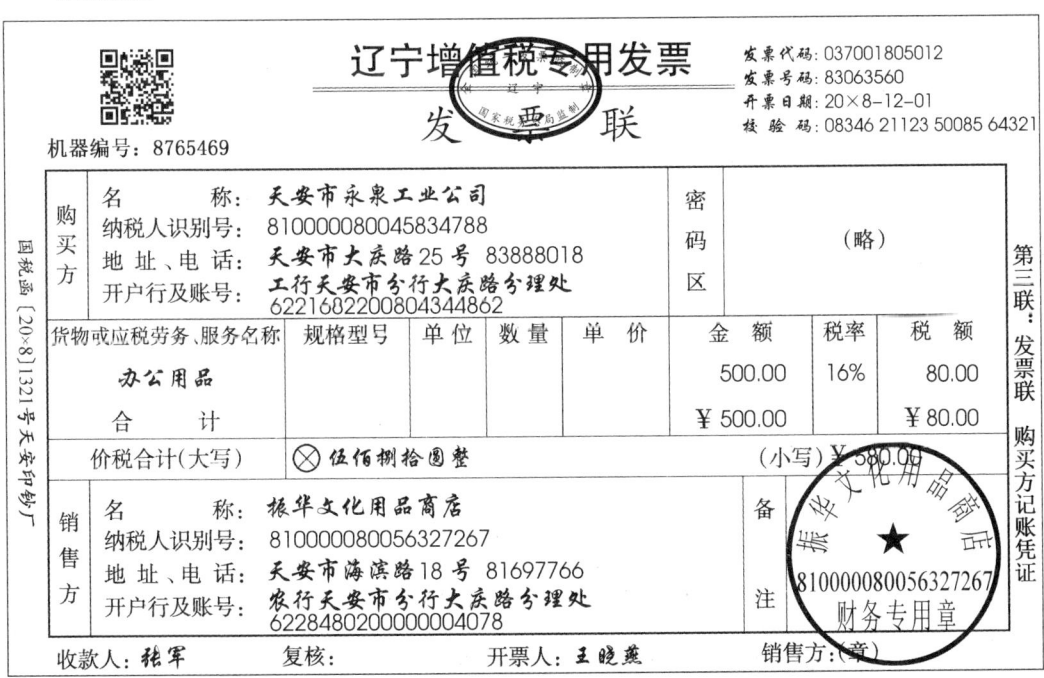

原始凭证1-3-3

中国工商银行 网上银行电子回单

20×8年12月01日

付款人	户名	天安市永泉工业公司	收款人	户名	振华文化用品商店
	账号	6221682200804344862		账号	6228480200000004078
	开户银行	工行天安市分行大庆路分理处		开户银行	农行天安市分行海滨路分理处
金额		￥580.00	金额(大写)		人民币 伍佰捌拾元整
摘要		购买办公用品	业务(产品)种类		跨行
用途					
交易流水号		955436	时间戳		

备注:办公用品费

(中国工商银行 电子回单 专用章)

| 记账网点 | 356887656 | 记账柜员 | 466 |

业务 2

原始凭证 2-1-1

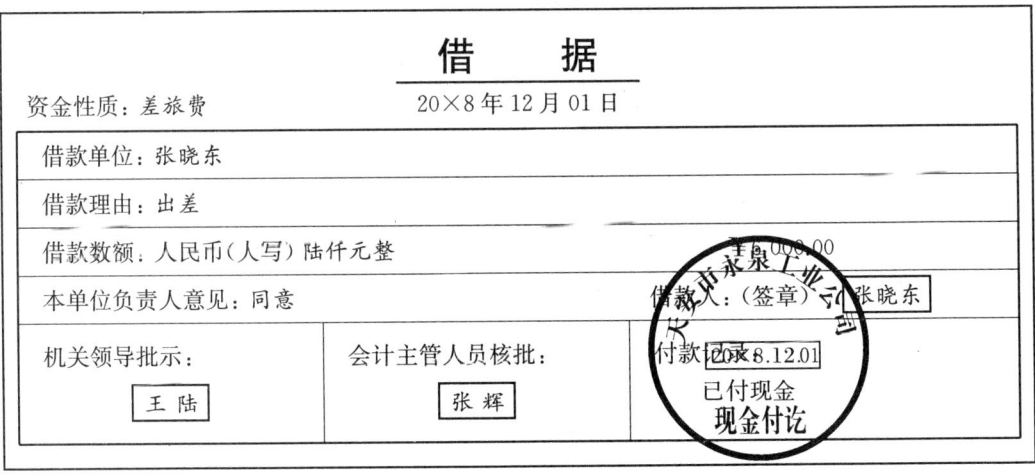

业务3
原始凭证 3-5-1

托收凭证（付款通知）

委托日期 20×8 年 11 月 26 日　付款期限 20×8 年 12 月 01 日

业务类型		委托收款(□邮划、□电划)		托收承付(☑邮划、□电划)	
付款人	全称	天安市永泉工业公司	收款人	全称	沈阳海晶工厂
	账号	6221682200804344862		账号	9684888636421732864
	地址	省天安市/县　开户行 工行天安市分行大庆路分理处		地址	省沈阳市/县　开户行 中国工商银行广州路分理处
金额	人民币（大写）	伍万捌仟玖佰玖拾元整		亿千百十万千百十元角分 ¥　　　 5 8 9 9 0 0 0	
款项内容		托收凭据名称 发票、运单、合同		附寄单证张数 3	
商品发运情况		铁路运输已发运	合同名称号码	购销合同 035 号	
备注：			付款人注意： 1. 根据支付结算办法，上列委托收款(托收承付)款项在付款期限内未提出拒付，即视为同意付款，以此代付款通知。 2. 提出全部或者部分拒付，应在规定期限内，将拒付理由书并附债务证明退交开户银行。		
付款人开户银行收到日期 20×8 年 11 月 26 日 复核：　　　记账：			收款人开户银行签章 20×8 年 11 月 26 日		

（中国工商银行天安市　20×8.11.26　转讫）

此联作付款人开户银行给付款人的按期付款通知

原始凭证 3-5-2

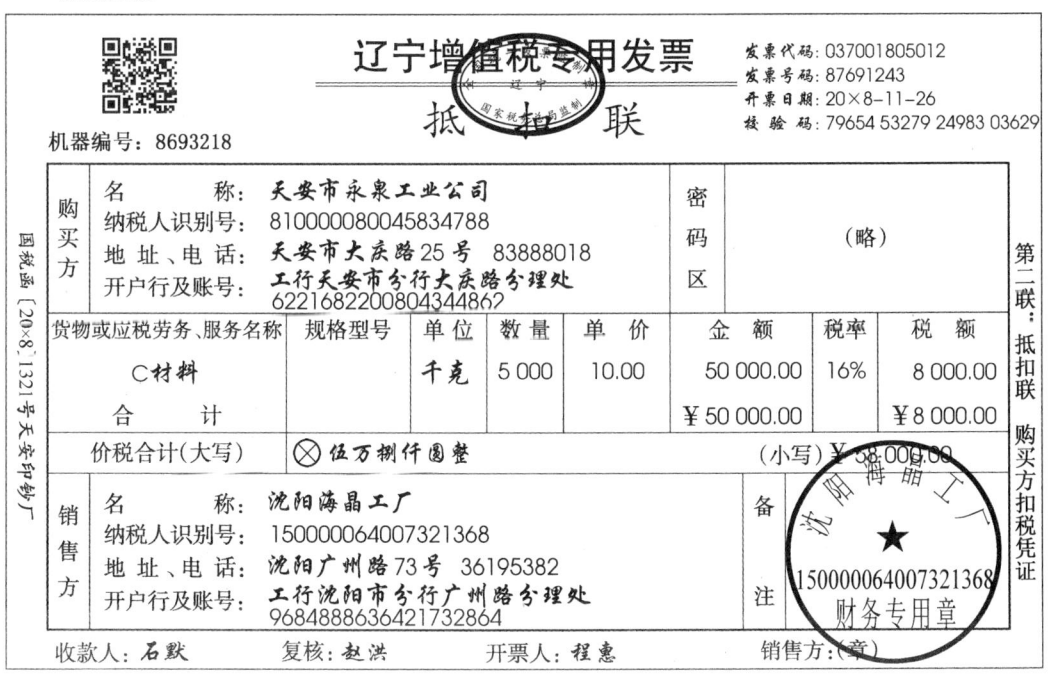

原始凭证 3-5-3

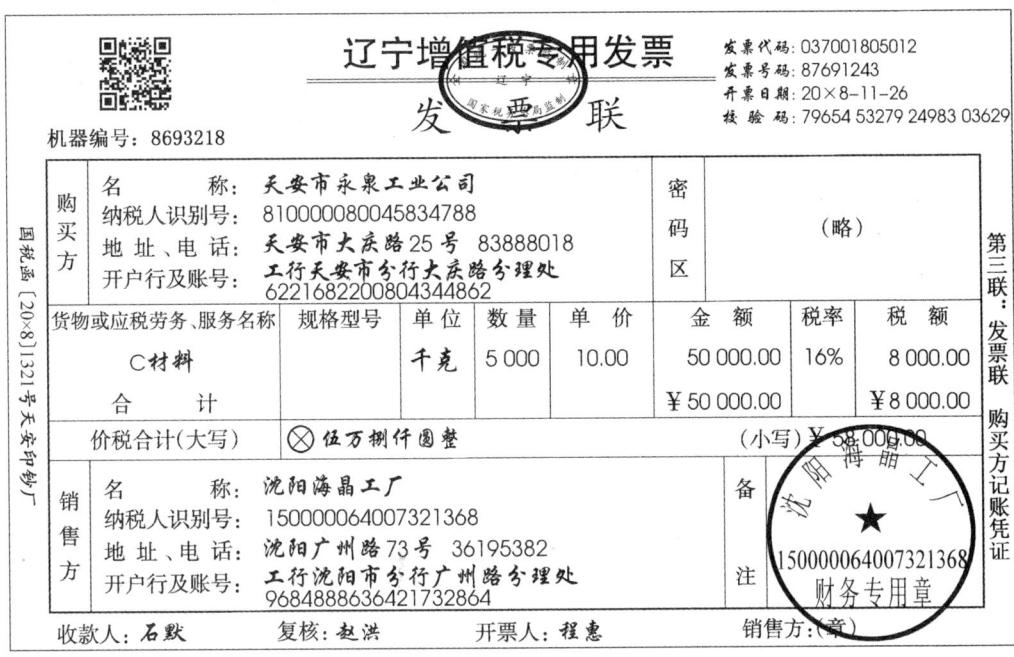

原始凭证 3-5-4

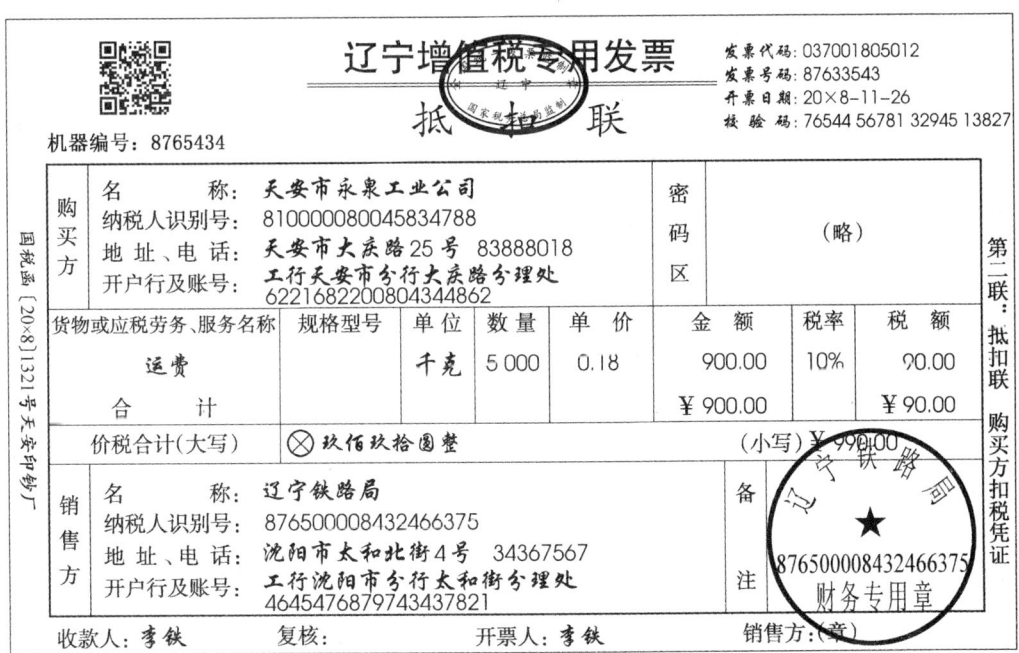

原始凭证 3-5-5

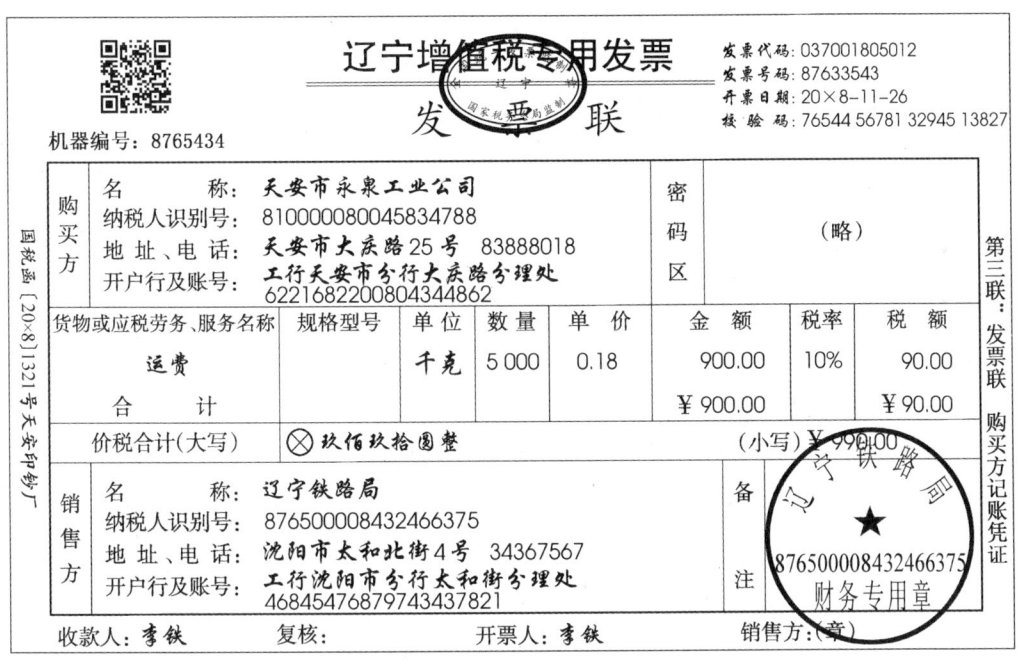

业务 4

原始凭证 4-3-1

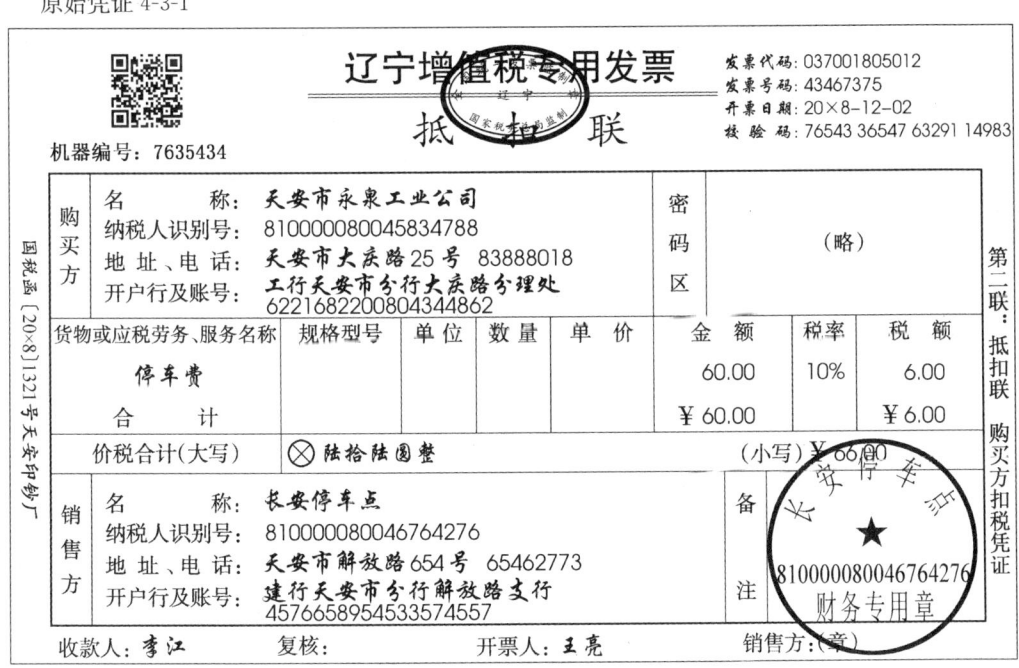

原始凭证 4-3-2

辽宁增值税专用发票

发票代码：037001805012
发票号码：43467375
开票日期：20×8-12-02
核验码：76543 36547 63291 14983

机器编号：7635434

购买方	名　称：	天安市永泉工业公司	密码区	（略）
	纳税人识别号：	810000080045834788		
	地址、电话：	天安市大庆路25号 83888018		
	开户行及账号：	工行天安市分行大庆路分理处 6221682200804344862		

货物或应税劳务、服务名称	规格型号	单位	数量	单价	金额	税率	税额
停车费					60.00	10%	6.00
合　计					¥60.00		¥6.00

价税合计（大写）　⊗ 陆拾陆圆整　　（小写）¥66.00

销售方	名　称：	长安停车点	备注	（章）
	纳税人识别号：	810000080046764276		
	地址、电话：	天安市解放路654号 65462773		
	开户行及账号：	建行天安市分行解放路支行 4576658954533574557		

收款人：李江　　复核：　　开票人：王亮　　销售方：（章）

国税函〔20×8〕1321号 天安印刷厂

第三联：发票联 购买方记账凭证

原始凭证 4-3-3

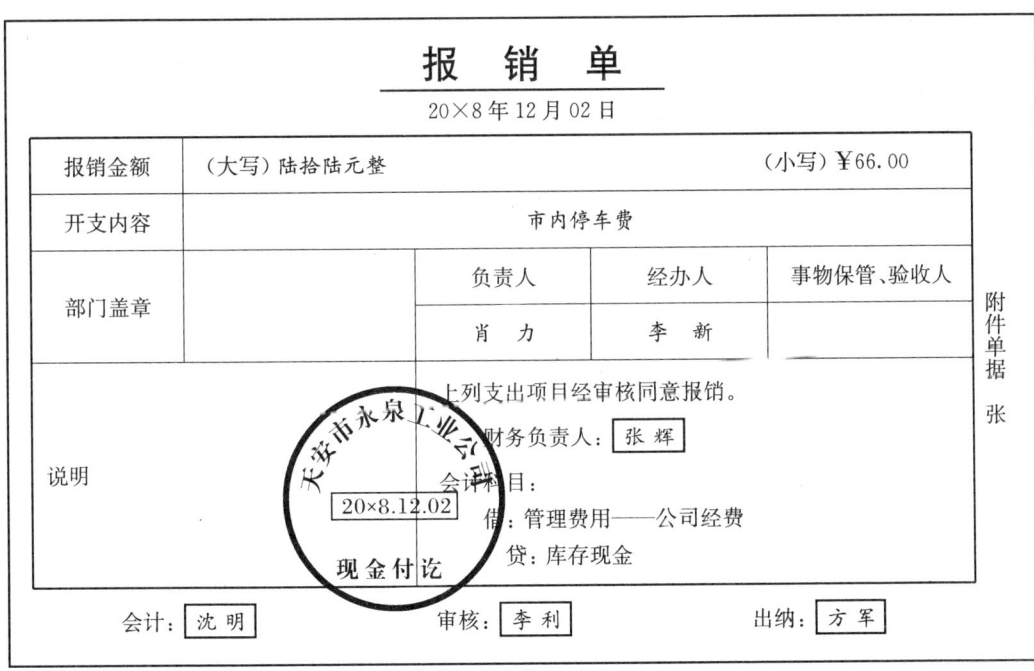

报　销　单

20×8年12月02日

报销金额	（大写）陆拾陆元整			（小写）¥66.00
开支内容	市内停车费			
部门盖章		负责人	经办人	事物保管、验收人
		肖 力	李 新	
说明	上列支出项目经审核同意报销。 财务负责人：张辉 会计科目： 借：管理费用——公司经费 贷：库存现金			

会计：沈明　　审核：李利　　出纳：方军

业务 5

原始凭证 5-2-1

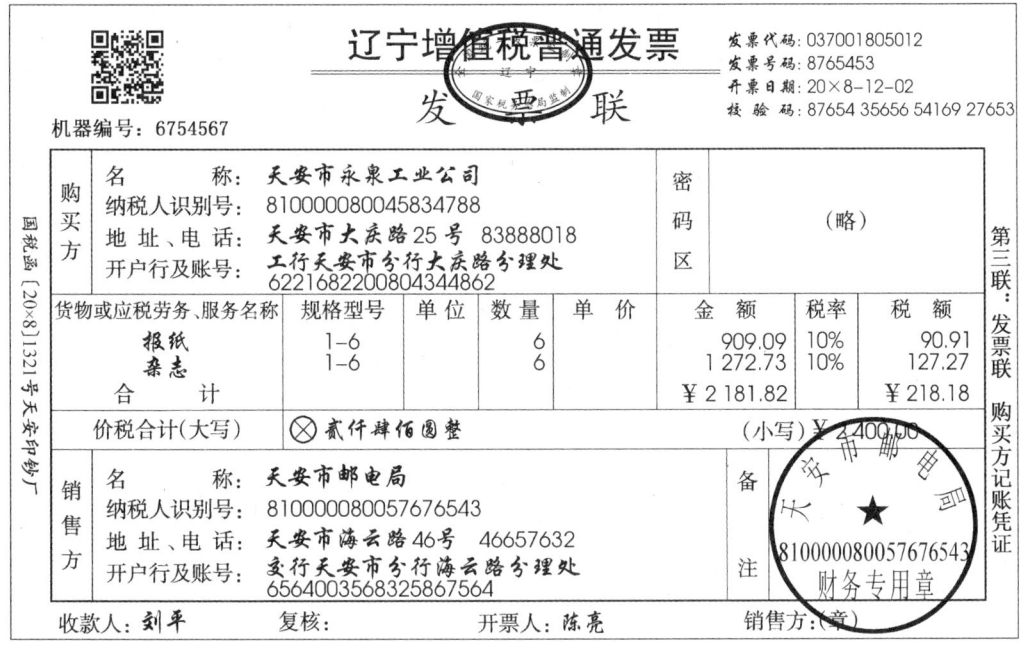

原始凭证 5-2-2

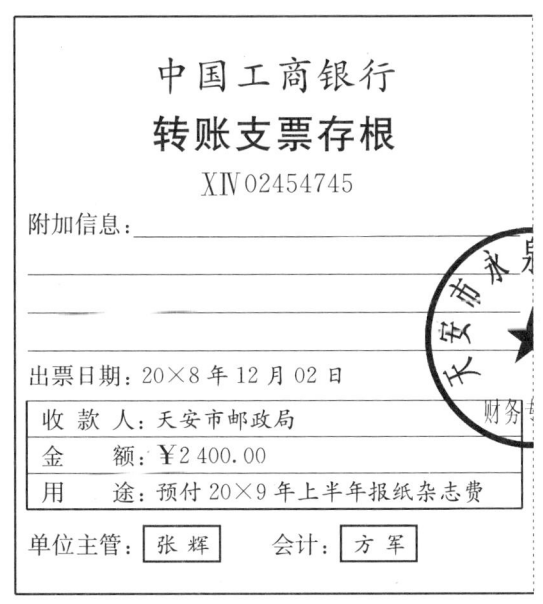

业务 6

原始凭证 6-1-1

中国工商银行
现金支票存根
XIV 24547647

附加信息：＿＿＿＿＿＿＿＿＿＿＿＿＿

出票日期：20×8 年 12 月 02 日
收款人：天安市永泉工业公司
金　额：￥5 000.00
用　途：日常零星开支

单位主管：张辉　　会计：方军

业务 7

原始凭证 7-1-1

材收第 04512 号

材料验收入库单

供应单位：沈阳海晶工厂
发票号：0008624
材料来源：沈阳海晶工厂

20×8 年 12 月 03 日

材料类别	材料名称	规格性质	计量单位	数量	实收数量	单价	金额 十万千百十元角分
103	C材料		千克	5 000	5 000	10.00	5 0 0 0 0 0 0
						运费	9 0 0 0 0
						合计	￥ 5 0 9 0 0 0 0

检验结果：合格　检验员签章：张力

备注　检验合格如数验收入库

仓库主管：徐明　材料会计：赵芳　收料员：王晓　经办人：李勇　制单：侯强

第三联：记账联

业务 8

原始凭证 8-1-1

领 料 单

领用部门：生产车间

制 号： 20×8 年 12 月 04 日 编号：008326

编号	类别	名 称	规 格	单 位	数 量		金 额	
					请 领	实 发	单 价	总 额
101		A 材料		千克	1 000	1 000		
102		B 材料		千克	500	500		
103		C 材料		千克	200	200		
		合 计			1 700	1 700		
用途	生产车间生产甲产品							

第二联：记账联

发料人：王平国　　记账：张雨　　领料部门负责人：周小建　　领料人：陈红春

业务 9

原始凭证 9-2-1

职工困难补助申请表（代收据）

20×8 年 12 月 05 日

申请人姓名	隋晓英	所在部门	生产车间
申请金额	700.00	平均月消费	400.00
申请理由	因孩子住院需做手术，而家庭经济负担较重。		
工会小组意见	同意	厂工会批示	同意　人民币(大写)柒佰元整　签收：隋晓英

原始凭证9-2-2

中国工商银行网上银行电子回单

20×8 年 12 月 05 日

付款人	户名	天安市永泉工业公司	收款人	户名	隋晓英
	账号	6221682200804344862		账号	6221682200804344862
	开户银行	工行天安市分行大庆路分理处		开户银行	工行天安市分行大庆路分理处
金额		¥700.00	金额(大写)		人民币柒佰元整
摘要		职工补助	业务(产品)种类		
用途					
交易流水号		89654	时间戳		
备注：职工补助					
记账网点		345478743	记账柜员		7865

（中国工商银行电子回单专用章）

业务 10

原始凭证 10-1-1

中国工商银行信汇凭证（收账通知）

委托日期 20×8 年 12 月 05 日

汇款人	全称	北京橡胶厂	收款人	全称	天安市永泉工业公司
	账号	6310782468533416789		账号	6221682200804344862
	汇出地点	省 北京 市/县		汇入地点	省 天安 市/县
	汇出行名称	工行北京市分行宣武南分理处		汇入行名称	工行天安市分行大庆路分理处
金额	人民币(大写)	捌仟肆佰元整		亿千百十万千百十元角分 ¥8 4 0 0 0 0	
款项已收入收款人账户			支付密码		
			附加信息及用途：偿还前欠货款		
（中国工商银行天安市分行业务专用章 汇入行签章）			复核： 记账：		

此联给收款人的收账通知

业务 11

原始凭证 11-3-1

辽宁增值税专用发票

发票代码:	037001805012	
发票号码:	64587328	
开票日期:	20×8-12-06	
校验码:	37548 56132 64369 27514	

机器编号：2574632

此联不作报销、扣税凭证使用

国税函[20×8]1321号 天安印钞厂

购买方	名　称：	保西市长江工具厂	密码区	（略）
	纳税人识别号：	750000043004174179		
	地址、电话：	淮海道8号 85312348		
	开户行及账号：	工行保西市分行淮海道办事处 6221683200955867231		

货物或应税劳务、服务名称	规格型号	单位	数量	单价	金额	税率	税额
甲产品		件	70	500.00	35 000.00	16%	5 600.00
合　计					￥35 000.00		￥5 600.00

价税合计（大写）	⊗ 肆万零陆佰圆整	（小写）￥40 600.00

销售方	名　称：	天安市永泉工业公司	备注
	纳税人识别号：	810000080045834788	
	地址、电话：	天安市大庆路25号 83888018	
	开户行及账号：	工行天安市分行大庆路分理处 6221682200804344862	

收款人：申全　　复核：张爱娟　　开票人：车刚　　销售方：（章）

注：增值税专用发票第一联系销售方内部记账使用，不作报销、扣税凭证使用，无需盖章。

第一联：记账联　销售方记账凭证

项目 6

原始凭证 11-3-2

产品出库单

购货单位：保西市长江工具厂　　20×8年12月06日　　编号：008810

编号	名称及规格	单位	数量	单价	金额	备注
01	甲产品	件	70			
	合　计		70			

主管：李勇　　出库人：赵祥　　制单：李强

第二联：记账联

原始凭证 11-3-3

中国工商银行
转账支票存根
XVI 24547648

附加信息：_____

出票日期：20×8 年 12 月 06 日
收 款 人：天安市铁路局托运站
金　　额：¥1 300.00
用　　途：代垫运费

单位主管：张辉　　会计：方军

业务 12

原始凭证 12-3-1

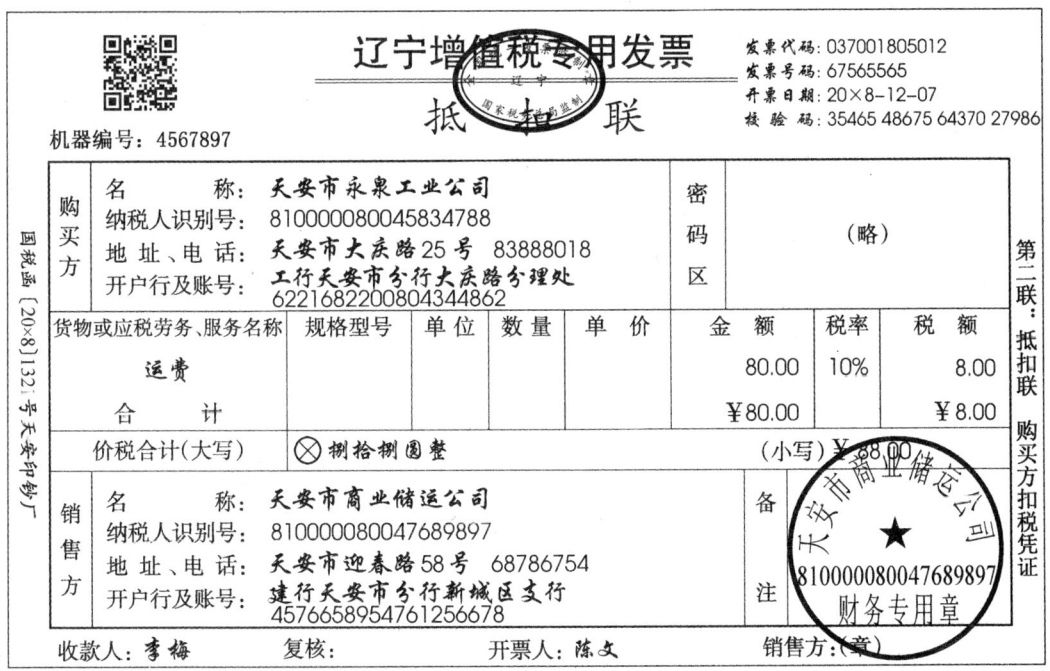

原始凭证12-3-2

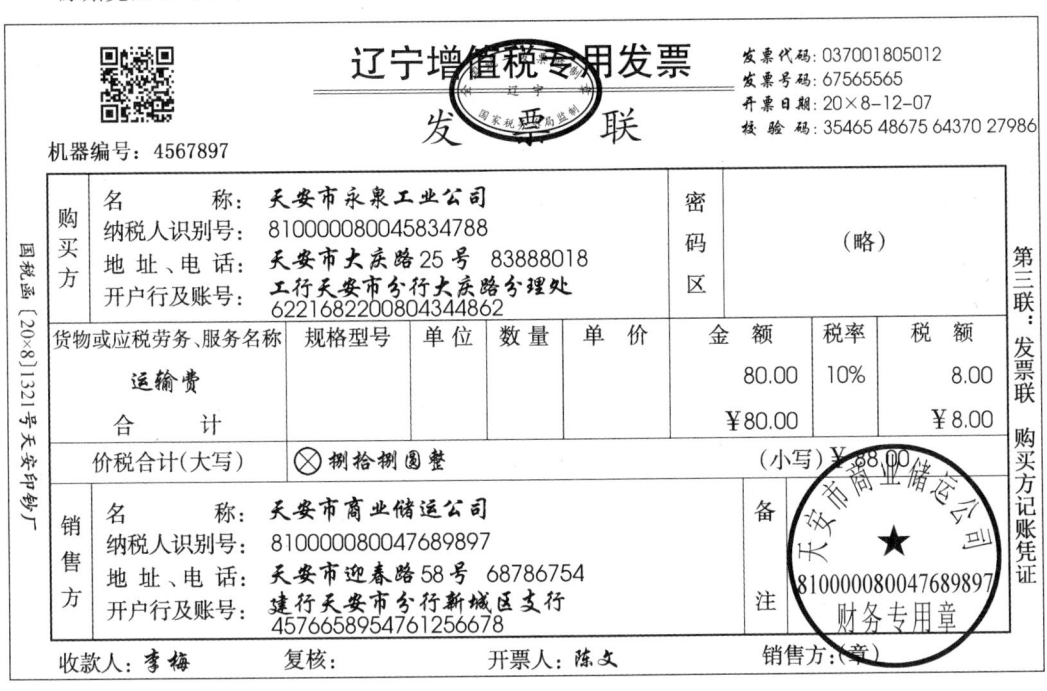

原始凭证12-3-3

业务 13

原始凭证 13-6-1

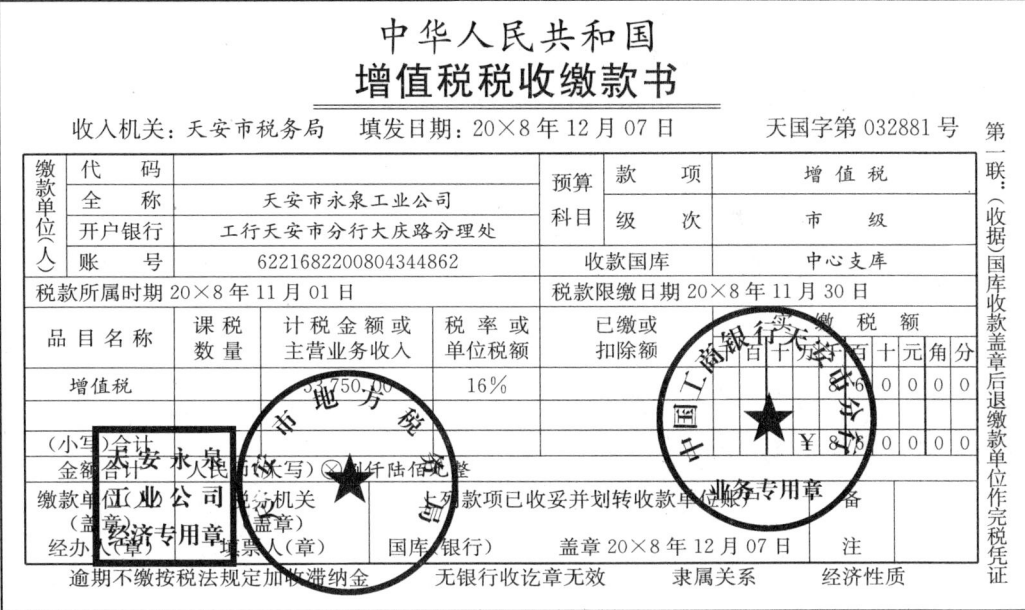

原始凭证 13-6-2

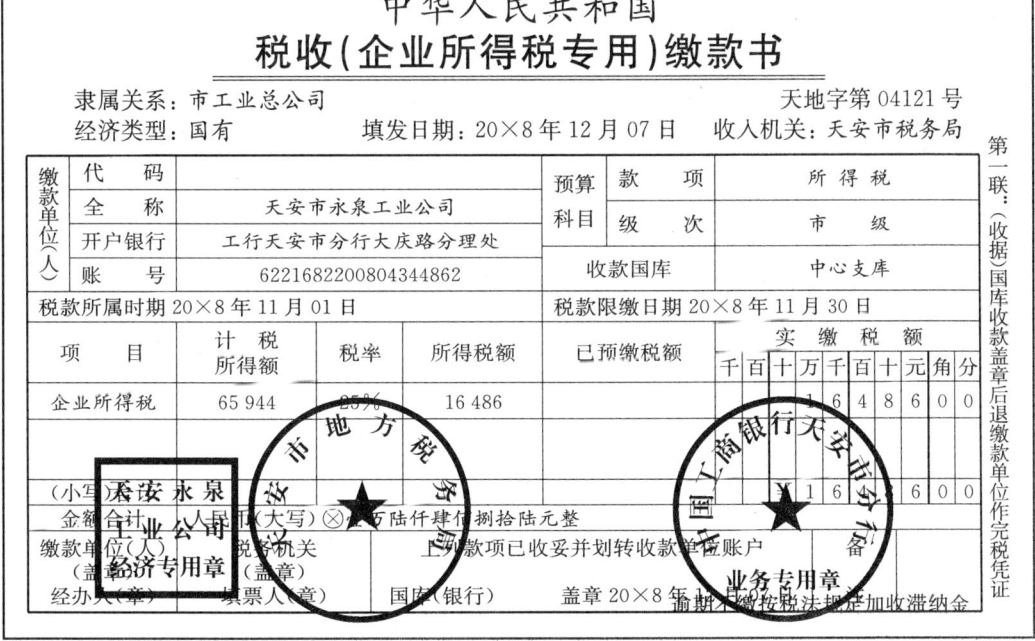

原始凭证13-6-3

中华人民共和国
税收(城市维护建设税专用)缴款书

隶属关系：市工业总公司　　　　　　　　　　　　天地字第 0126 号
经济类型：国有　　　填发日期：20×8 年 12 月 07 日　收入机关：天安市税务局

缴款单位(人)	代　码		天安市永泉工业公司	预算科目	款　项	城市维护建设税
	全　称		天安市永泉工业公司		级　次	市　级
	开户银行		工行天安市分行大庆路分理处		收款国库	中心支库
	账　号		6221682200804344862			

税款所属时期 20×8 年 11 月 01 日　　　税款限缴日期 20×8 年 11 月 30 日

计征金额		征收率	实缴税额								
项目名称	计征金额		千	百	十	万	千	百	十	元	角	分
增值税	8 600.00	7%						6	0	2	0	0
消费税												
合　计	8 600.00							6	0	2	0	0
金额合计(大写)	人民币(大写)⊗陆佰零贰元整											

缴款单位(盖章) 经办人(章)	税务机关(盖章) 填票人(章)	上列款项已收妥并划转收款单位账户 业务专用章 国库(银行) 盖章 20×8 年 12 月 07 日	备注

逾期不缴按税法规定加收滞纳金

第一联：(收据)国库收款盖章后退缴款单位(人)作完税凭证

项目 6　51　实训的会计核算资料

原始凭证13-6-4

电子缴税付款凭证

转账日期：20×8 年 12 月 07 日

付款人全称:天安市永泉工业公司	
纳税人全称:天安市永泉工业公司	
付款人账号:6221682200804344862	征收机关:天安市税务局
付款人开户银行:工行天安市分行大庆路分理处	收款国库(银行):天安市税务局中心支库
小写(合计)金额:¥8 600.00	缴款书交易流水:
大写(合计)金额:捌仟陆佰元整	税票号码:032881

税种名称	所属日期起	所属日期止	税种金额
增值税	20×8.11.01	20×8.11.30	8 600.00

(中国工商银行天安市分行大庆路分理处 20×8-12-07 付讫)

原始凭证 13-6-5

电子缴税付款凭证

转账日期:20×8年12月07日

付款人全称:天安市永泉工业公司	
纳税人全称:天安市永泉工业公司	
付款人账号:6221682200804344862	征收机关:天安市税务局
付款人开户银行:工行天安市分行大庆路分理处	收款国库(银行):天安市税务局中心支库
小写(合计)金额:¥16 486.00	缴款书交易流水:
大写(合计)金额:壹万陆仟肆佰捌拾陆元整	税票号码:04121

税种名称	所属日期起	所属日期止	税种金额
企业所得税	20×8.11.01	20×8.11.30	16 486.00

(中国工商银行 天安市分行大庆路分理处 20×8-12-07 付讫)

原始凭证 13-6-6

电子缴税付款凭证

转账日期:20×8年12月07日

付款人全称:天安市永泉工业公司	
纳税人全称:天安市永泉工业公司	
付款人账号:6221682200804344862	征收机关:天安市税务局
付款人开户银行:工行天安市分行大庆路分理处	收款国库(银行):天安市税务局中心支库
小写(合计)金额:¥602.00	缴款书交易流水:
大写(合计)金额:陆佰零贰元整	税票号码:04121

税种名称	所属日期起	所属日期止	税种金额
城市维护建设税	20×8.11.01	20×8.11.30	602.00

(中国工商银行 天安市分行大庆路分理处 20×8-12-07 付讫)

业务 14
原始凭证 14-1-1

业务 15
原始凭证 15-2-1

	收　据			No.0083561
	20×8 年 12 月 08 日			

今收到　采购员张晓东

交　来　差旅费余额

人民币（大写）叁佰元整　　　　（小写）¥300.00

收款单位公章：现金收讫　20×8.12.08

收款人：方军　　交款人：张晓东

原始凭证 15-2-2

差旅费报销单

20×8年12月08日

出差人：张晓东		职务：采购员		出差事由		采购			所在部门：供应部			
出发地		到达地		公出补助		车船飞机费	卧铺	住宿费	市内车费	邮电费	其他	合计金额
月	日	地点	月	日	地点	天数	标准	金额				
12	02	天安	12	02	重庆	5	120	600	1 000		3 100				5 700
12	07	重庆	12	07	天安				1 000						
合		计					600	2 000		3 100					5 700

附件 5 张

合计人民币（大写）伍仟柒佰元整

| 借款金额 | 6 000.00 | 退补金额 | 300.00 | 退补方式 | 现金支付 | | 领导意见 | | 同意 |

单位领导：汪海　　财务主管：张辉　　公出人姓名：张晓东　　审核人：

业务 16

原始凭证 16-5-1

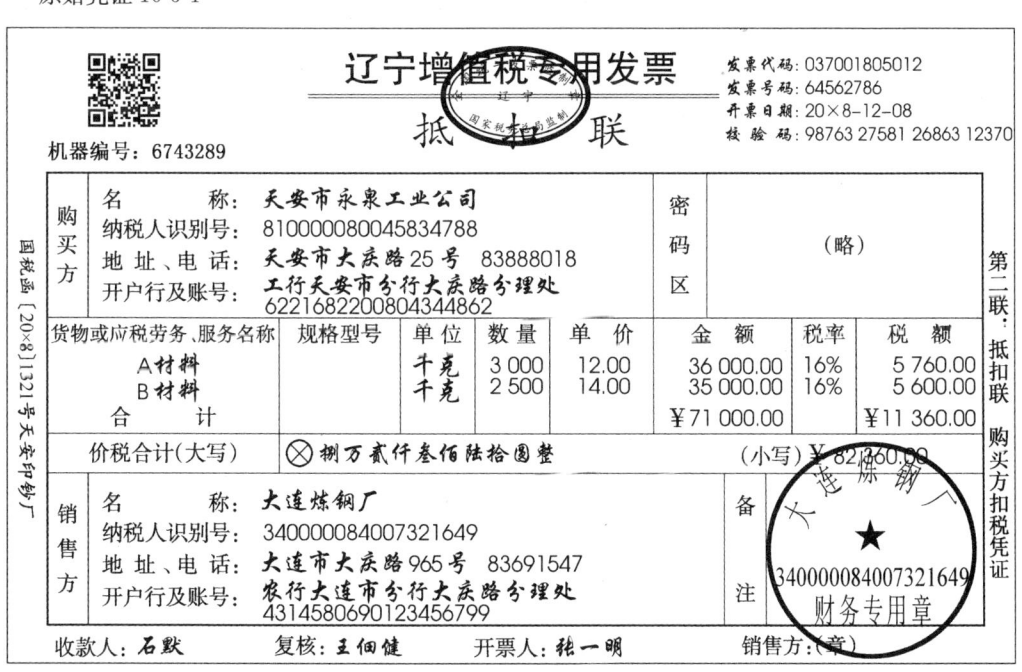

原始凭证 16-5-2

辽宁增值税专用发票

发票代码：037001805012
发票号码：64562786
开票日期：20×8-12-08
校验码：98763 27581 26863 12370

第三联：发票联 购买方记账凭证

机器编号：6743289

购买方	名 称：	天安市永泉工业公司	密码区	（略）
	纳税人识别号：	810000080045834788		
	地 址、电 话：	天安市大庆路25号 83888018		
	开户行及账号：	工行天安市分行大庆路分理处 6221682200804344862		

货物或应税劳务、服务名称	规格型号	单位	数量	单价	金额	税率	税额
A材料		千克	3 000	12.00	36 000.00	16%	5 760.00
B材料		千克	2 500	14.00	35 000.00	16%	5 600.00
合 计					￥71 000.00		￥11 360.00

| 价税合计（大写） | ⊗ 捌万贰仟叁佰陆拾圆整 | （小写）￥82 360.00 |

销售方	名 称：	大连炼钢厂	备注	（大连炼钢厂 340000084007321649 财务专用章）
	纳税人识别号：	340000084007321649		
	地 址、电 话：	大连市大庆路965号 83691547		
	开户行及账号：	农行大连市分行大庆路分理处 4314580690123456799		

收款人：石默　　复核：王佃健　　开票人：张一明　　销售方：(章)

原始凭证 16-5-3

托收凭证（付款通知）

委托日期　20×8 年 12 月 08 日　　付款期限 20×8 年 12 月 10 日

此联作付款人开户银行给付款人的按期付款通知

业务类型	委托收款（□邮划、□电划）	托收承付（☑邮划、□电划）		
收款人	全称	大连炼钢厂	付款人	全称	天安市永泉工业公司
	账号	431-4580		账号	天安市大庆路25号 804-344-862
	地址	省大连市/县 开户行 大连分理处		地址	省天安市 开户行 大庆路分理处

| 金额 | 人民币（大写） | 捌万叁仟贰佰陆拾柒元伍角整 | 亿千百十万千百十元角分 ￥ 8 3 2 6 7 5 0 |

| 款项内容 | 托收凭据名称 | | 附寄单证张数 | 3 |
| 商品发运情况 | 铁路运输已发运 | 合同名称号码 | 购销合同 78-645 号 |

备注：
（中国工商银行天安市分行 20×8.12.08 转讫）

付款人开户银行收到日期
20×8 年 12 月 08 日
复核：　　记账：

付款人开户银行签章
20×8 年 12 月 08 日

付款人注意：
1. 根据支付结算办法，上列委托收款（托收承付）款项在付款期限内未提出拒付，即视为同意付款，以此代付款通知。
2. 提出全部或者部分拒付，应在规定期限内，将拒付理由书并附拒款证明退交开户银行。

原始凭证 16-5-4

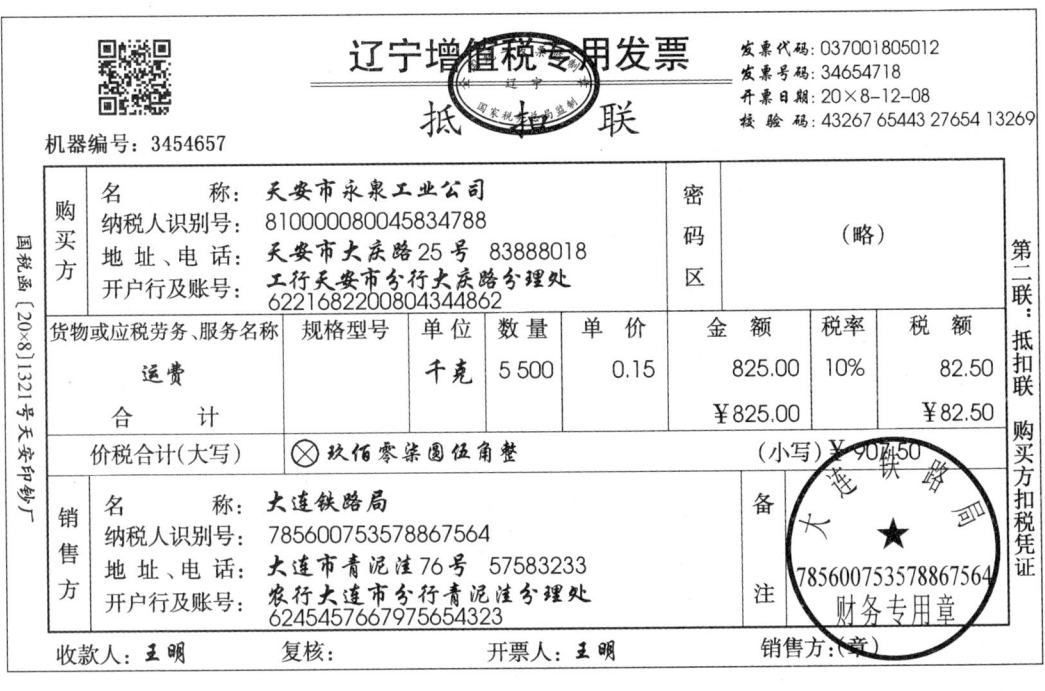

原始凭证 16-5-5

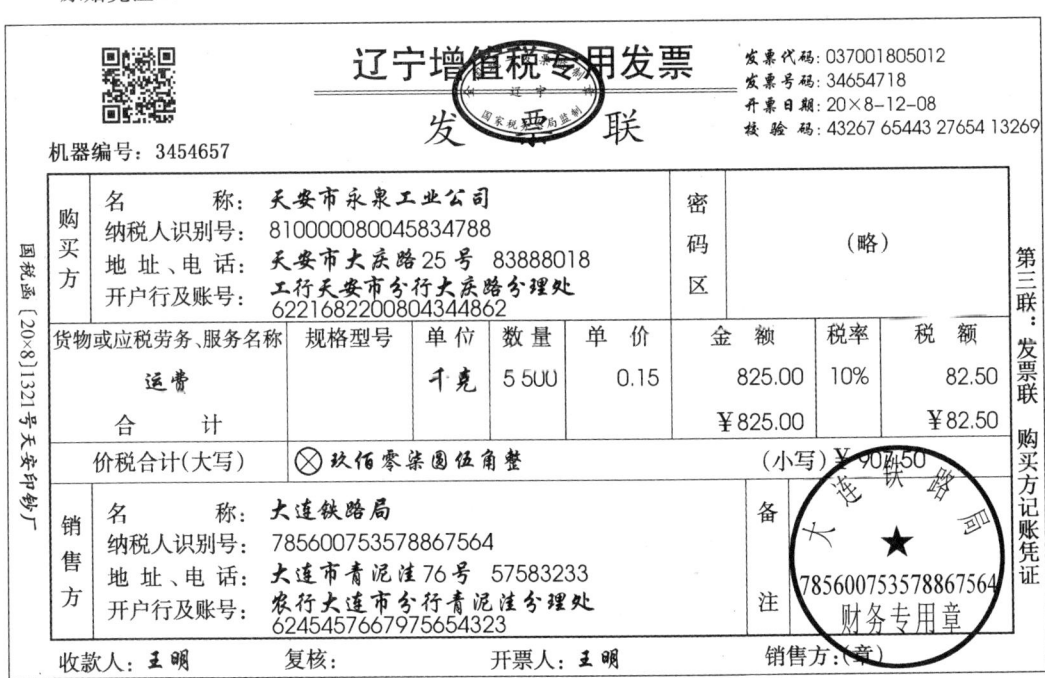

业务 17

原始凭证 17-1-1

材料验收入库单

材字第 04512 号

供应单位：大连炼钢厂
发票号：0088636

20×8 年 12 月 09 日

材料来源：大连炼钢厂

材料类别	材料名称	规格性质	计量单位	数量	实收数量	单价	金额 十万 千 百 十 元 角 分
101	A 材料		千克	3 000	3 000	12.00	3 6 0 0 0 0 0
102	B 材料		千克	2 500	2 500	14.00	3 5 0 0 0 0 0

检验结果：合格、入库 检验员签字：张 力
运费： 8 2 5 0 0
合 计：¥ 7 1 8 2 5 0 0

备注：

仓库主管：徐 明　材料会计：赵 芳　收料员：王志国　经办人：李 勇　制单：侯 强

第三联：记账联

业务 18

原始凭证 18-1-1

领 料 单

领用部门：生产车间
制　号：

20×8 年 12 月 09 日

编号：008327

编号	类别	名称	规格	单位	数量 请领	数量 实发	金额 单价	金额 总额
103		C 材料		千克	500	500		
		合　　计			500	500		

用途：用于生产乙产品

发料人：王国平　记账：　领料部门负责人：周小建　领料人：王峰

第二联：记账联

业务 19

原始凭证 19-1-1

领 料 单

领用部门：生产车间

制　　号：　　　　　　　20×8 年 12 月 09 日　　　　　　编号：008328

编号	类别	名称	规格	单位	数量		金额	
					请领	实发	单价	总额
103		C材料		千克	300	300		
		合　　计			300	300		

用途：用于车间一般消耗

发料人：王平国　　　记账：　　　领料部门负责人：周小建　　　领料人：陈春红

第二联：记账联

业务 20

原始凭证 20-1-1

中国工商银行借款凭证

银行编号：467851　　　　　　20×8 年 12 月 09 日

贷款单位	天安市永泉工业公司											贷款申请书编号	3421	贷款账号		存款账号	
贷款金额	贰拾万元整	亿	千	百	十万	千	百	十	元	角	分	还款日期		20×9 年 06 月 09 日			
				￥	2	0	0	0	0	0	0						
银行核定金额	人民币（大写）贰拾万元整											银行核定还款日期		20×9 年 06 月 09 日			
												银行实际放出日期		20×8 年 12 月 09 日			

兹向你行贷到上列贷款，到期时请凭此借据从本单位存款账户内收回。

中国工商银行天安市分行
　　　　　　　　办事处
贷款单位（章）(盖预留印鉴)

上项贷款已按银行核定金额发放，并收入你单位银行存款账户。
此致

天安市　永泉工业公司单位
　　　　　　　　　　银行签章
20×8 年 12 月 09 日

记录	日期	还款金额	未还金额	记账员	复核员	日期	还款金额	未还金额	记账员	复核员
				业务专用章					财务专用章	

银行盖章后做收款通知

业务 21

原始凭证 21-1-1

固定资产调拨单

调出单位：天安市工业总公司

调入单位：天安市永泉工业公司　　20×8 年 12 月 09 日

调拨原因及依据		投　资			评估确认价值		¥38 000.00	
固定资产名　称	规　格及型号	单位	数量	预计使用年数	已使用年　数	原　值	已提折旧	净　值
铣床		台	1	20 年	5 年	¥50 000.00	¥10 000.00	¥40 000.00
调出单位 签章： 财务：李强 经办：王英	（盖章）			调入单位 签章： 财务：张辉 经办：房明				（盖章）

第三联：记账联

业务 22

原始凭证 22-1-1

中国工商银行信汇凭证（收账通知）

委托日期　20×8 年 12 月 09 日

汇款人	全　称	天津工具厂	收款人	全　称	天安市永泉工业公司									
	账　号	6881954370376952341		账　号	6221682200804344862									
	汇出地点	省　天津　市/县		汇入地点	辽宁 省　天安 市/县									
	汇出行名称	工行天津市分行和平区分理处		汇入行名称	工行天安市分行大庆路分理处									
金额	人民币（大写）	壹万肆仟元整			亿	千	百	十	万	千	百	十	元	角	分
									¥	1	4	0	0	0	0	0
款项已收入收款人账户 （中国工商银行天安市分行业务专用章　入行签章）			支付密码 附加信息及用途：偿还前欠货款 　　　　　复核　　　记账											

此联给收款人的收账通知

业务 23

原始凭证 23-3-1

原始凭证 23-3-2

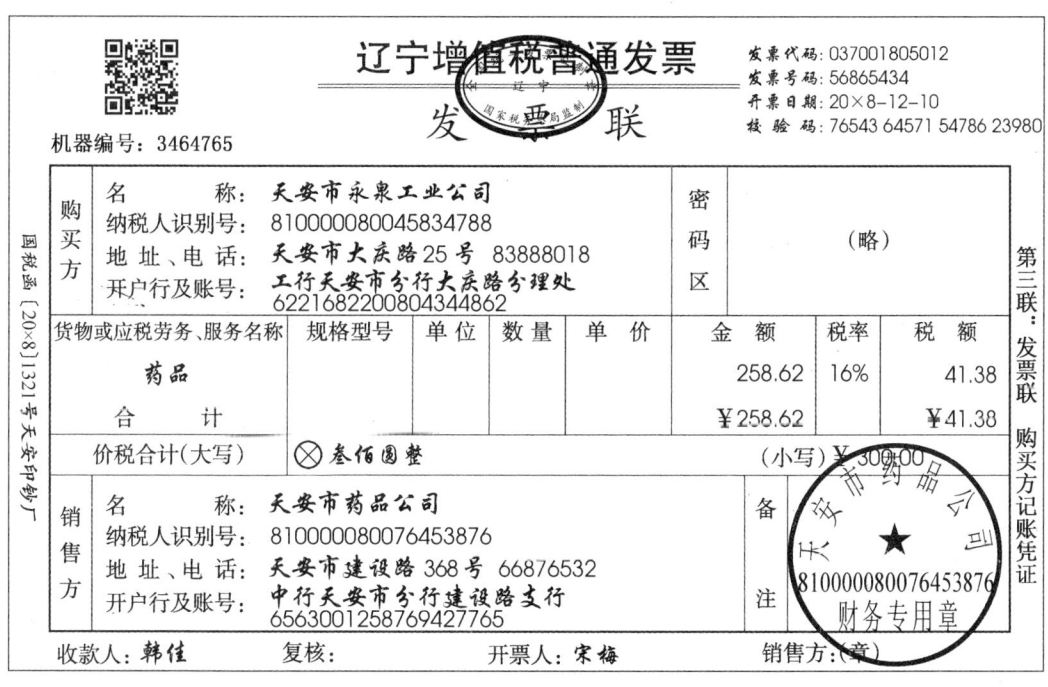

原始凭证 23-3-3

中国工商银行 网上银行电子回单

20×8年12月10日

付款人	户名	天安市永泉工业公司	收款人	户名	天安市药品公司
	账号	6221682200804344862		账号	6563001258769427765
	开户银行	工行天安市分行大庆路分理处		开户银行	中行天安市分行建设路支行
金额		¥300.00	金额(大写)		人民币叁佰元整
摘要		购买药品	业务(产品)种类		跨行
用途					
交易流水号		89654	时间戳		
备注:购买药品					
记账网点		454732	记账柜员		653

（中国工商银行 电子回单专用章）

业务 24

原始凭证 24-1-1

产成品入库单

缴库部门：生产车间　　20×8年12月10日　　编号：098201

编号	名称及规格	单件	数量	单价	金额								备注
					百	十万	千	百	十	元	角	分	
01	甲产品	件	75										
	合计		75										

主管：李勇　　记账：刘芬　　验收：李强　　缴库部门主管：周小建　　缴库：王力

第三联：记账联

业务 25
原始凭证 25-1-1

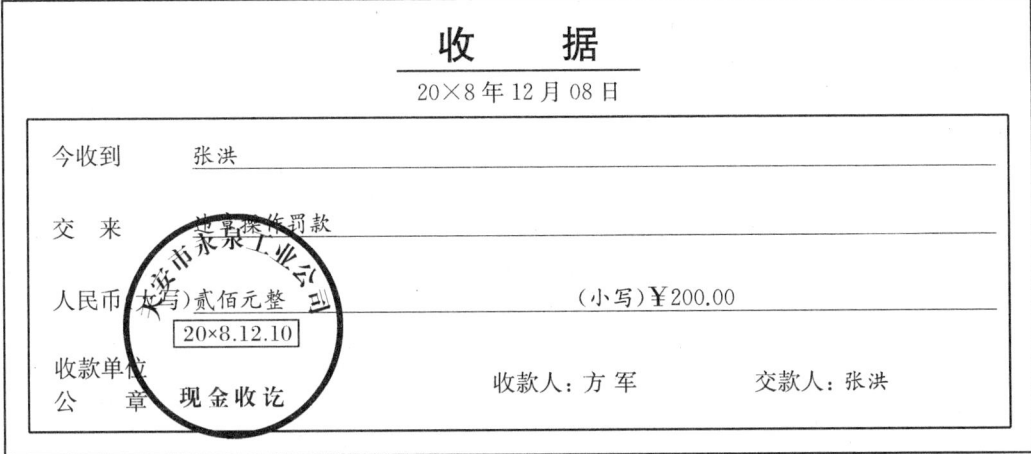

业务 26
原始凭证 26-1-1

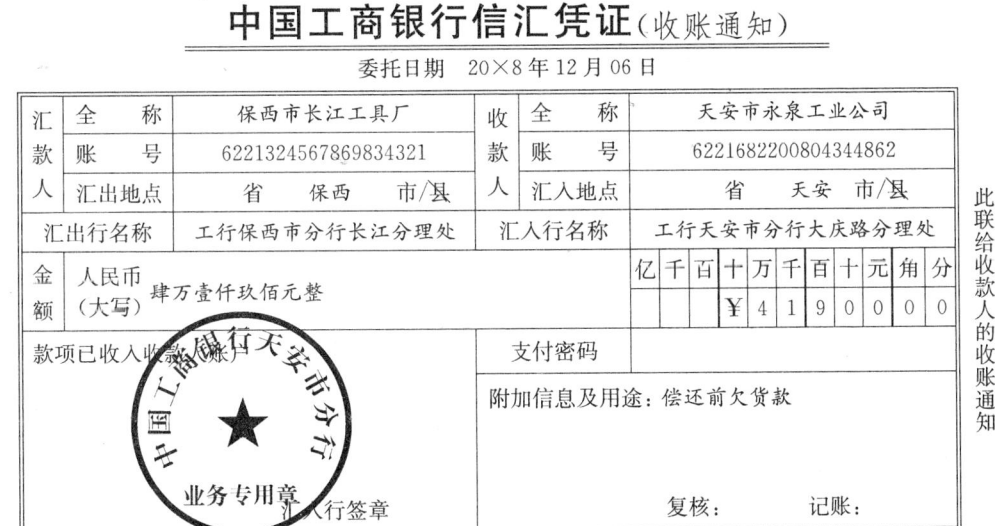

业务 27

原始凭证 27-1-1

业务 28

原始凭证 28-2-1

原始凭证 28-2-2

中国工商银行网上银行电子回单

20×8年12月11日

付款人	户名	天安市永泉工业公司	收款人	户名	田源
	账号	6221682200804344862		账号	5776456457681456789
	开户银行	工行天安市分行大庆路分理处		开户银行	工行天安市分行大庆路分理处
金额		¥410.00	金额（大写）		人民币肆佰壹拾圆整
摘要		上月未领工资	业务（产品）种类		
用途					
交易流水号		35656	时间戳		
备注：上月未领工资					
记账网点		345478743	记账柜员		7865

（中国工商银行 电子回单 专用章）

业务 29

原始凭证 29-4-1

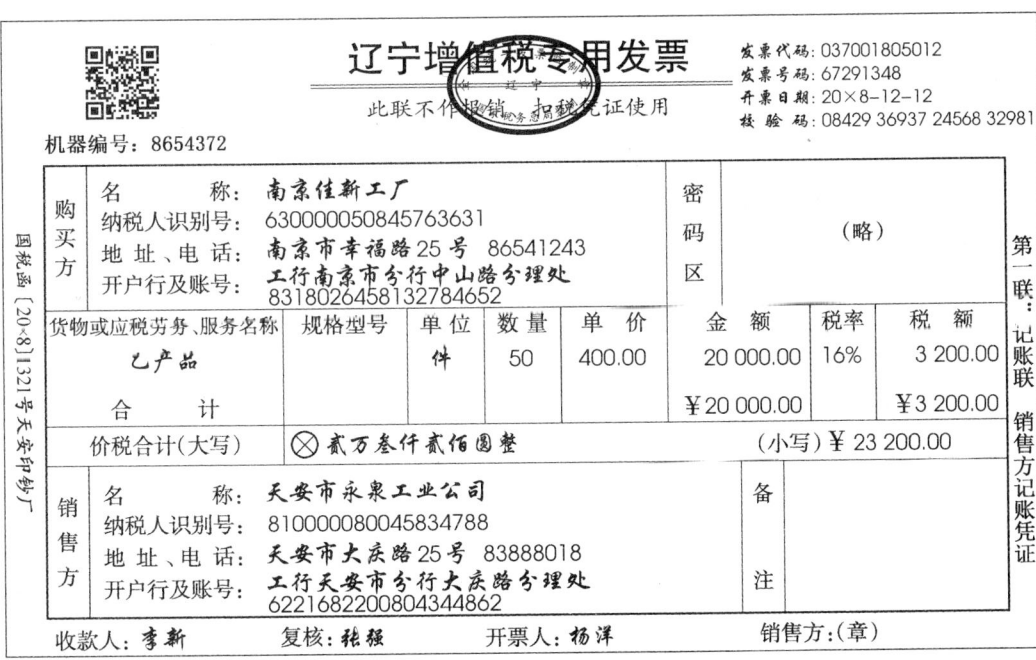

原始凭证 29-4-2

产品出库单

购货单位：南京佳新工厂　　20×8年12月12日　　编号：008811

编号	名称及规格	单位	数量	单价	金额	备注
02	乙产品	件	50			
合　　计			50			

主管：李勇　　记账：齐芬　　出库人：赵祥　　制单：李强

第二联：记账联

原始凭证 29-4-3

托收凭证（受理回单）

委托日期　20×8年12月12日

业务类型		委托汇款（□邮划、□电划）	托收承付（☑邮划、□电划）		
付款人	全称	南京佳新工厂	收款人	全称	天安市永泉工业公司
	账号	8318026458132784652		账号	6221682200804344862
	地址	省南京市/县　开户行　工行南京市分行中山路分理处		地址	省天安市/县　开户行　工行天安市分行大庆路分理处
金额	人民币（大写）	贰万肆仟贰佰圆整	亿 千 百 十 万 千 百 十 元 角 分 ¥　　　　2 4 2 0 0 0 0		
款项内容			托收凭据名称　发票、运单、合同　附寄单证张数　3		
商品发运情况		货已发出	合同名称及号码　购销合同0054号		
备注：		款项收妥日期			
复核：　　记账：			年　月　日	收款人开户银行签章 20×8年12月12日	

此联作收款人开户银行给收款人的受理回单

原始凭证 29-4-4

中国工商银行
转账支票存根
ⅩⅥ24547648

附加信息：_____

出票日期：20×8 年 12 月 12 日
收 款 人：天安市铁路运输公司
金　　额：￥1 000.00
用　　途：代垫运费款
单位主管：张辉　　会计：方军

业务 30
原始凭证 30-1-1

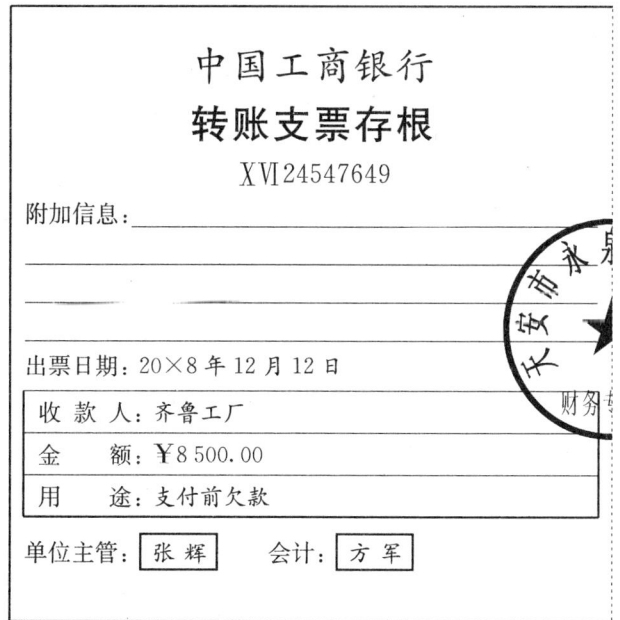

中国工商银行
转账支票存根
ⅩⅥ24547649

附加信息：_____

出票日期：20×8 年 12 月 12 日
收 款 人：齐鲁工厂
金　　额：￥8 500.00
用　　途：支付前欠款
单位主管：张辉　　会计：方军

业务 31

原始凭证 31-3-1

材料验收入库单

材字第 04513 号

材料来源：固定资产报废

供应单位：生产车间　　20×8年12月12日

材料类别	材料名称	规格性质	计量单位	数量	实收数量	单价	金额 十万千百十元角分
107	残料		千克	100	100	9.00	9 0 0 0 0

检验结果 合格、入库	运杂费	
检验员签字：张 力	合　计	￥ 9 0 0 0 0

备注：检验合格如数验收入库

仓库主管：徐 明　　材料会计：赵 芳　　收料员：王 晓　　经办人：曲 明　　制单：侯 强

第三联：记账联

原始凭证 31-3-2

固定资产报废单

20×8年12月12日

名称编号	型号规格	单位	数量	预计使用年限	已使用年限	原值	已提折旧	备 注
NA-6		台	1	20年	17年10个月	48 000.00	44 000.00	

报废原因	机器陈旧、精度差、修理费用大
使用部门	技术鉴定	管理部门	主管部门
生产车间	天安永泉工业公司设备科专用章 机器陈旧、精度差	天安市工业总公司 同意报废	作废料入材料仓库待用

制单：陈 健

第二联：记账联

原始凭证 31-3-3

中国工商银行
转账支票存根
XVI24547650

附加信息：_____
_____
_____

出票日期：20×8 年 12 月 12 日

收款人：红旗工程队
金　额：￥1 000.00
用　途：支付固定资产清理费用

单位主管：张辉　　会计：方军

业务 32

原始凭证 32-1-1

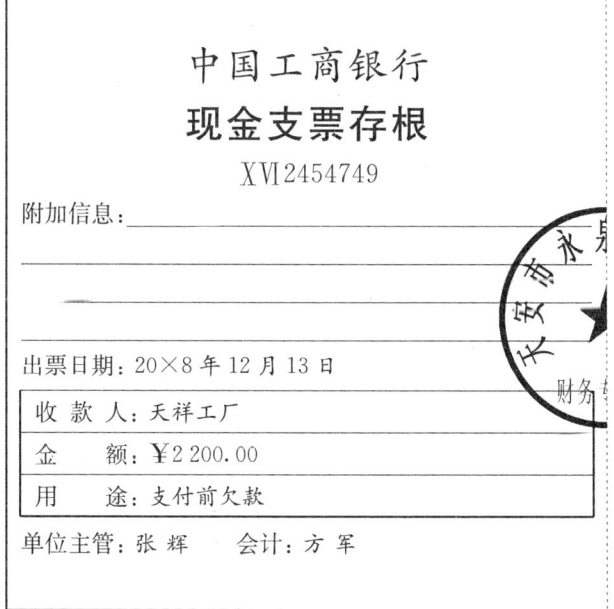

中国工商银行
现金支票存根
XVI2454749

附加信息：_____
_____
_____

出票日期：20×8 年 12 月 13 日

收款人：天祥工厂
金　额：￥2 200.00
用　途：支付前欠款

单位主管：张辉　　会计：方军

业务 33

原始凭证 33-2-1

工 资 结 算 表

20×8 年 11 月 30 日

人员	应付工资			代扣款			实发工资
	基本工资	津贴	合计	房租	电费	合计	
李枚等工人	10 000.00	3 000.00	13 000.00				13 000.00
王军等工人	6 100.00	2 000.00	8 100.00				8 100.00
安翼等人员	1 700.00	300.00	2 000.00				2 000.00
许富等人员	2 000.00	400.00	2 400.00				2 400.00
田勒等人员	500.00	100.00	600.00				600.00
合计			26 100.00				26 100.00

财务主管：张辉　　　审核：严梅　　　制单：赵欣

（盖章：天安市永泉工业公司 20×8.12.13 转讫）

原始凭证 33-2-2

中国工商银行 网上银行电子回单

20×8 年 12 月 13 日

付款人	户名	天安市永泉工业公司	收款人	户名	李枚等
	账号	6221682200804344862		账号	（略）
	开户银行	工行天安市分行大庆路分理处		开户银行	工行天安市分行大庆路分理处
金额		￥26 100.00	金额（大写）		人民币贰万陆仟壹佰圆整
摘要		职工工资	业务(产品)种类		
用途					
交易流水号		56433	时间戳		
		备注：职工工资			
记账网点		445754	记账柜员		566

（盖章：中国工商银行 电子回单专用章）

业务 34

原始凭证 34-3-1

产 品 出 库 单

购货单位：天津塑料厂　　20×8年12月13日　　编号：008812

编号	名称及规格	单位	数量	单价	金额	备注
01	甲产品	件	65			
02	乙产品	件	40			
	合　计		105			

主管：李勇　　记账：齐芬　　出库人：赵祥　　制单：李强

第二联：记账联

原始凭证 34-3-2

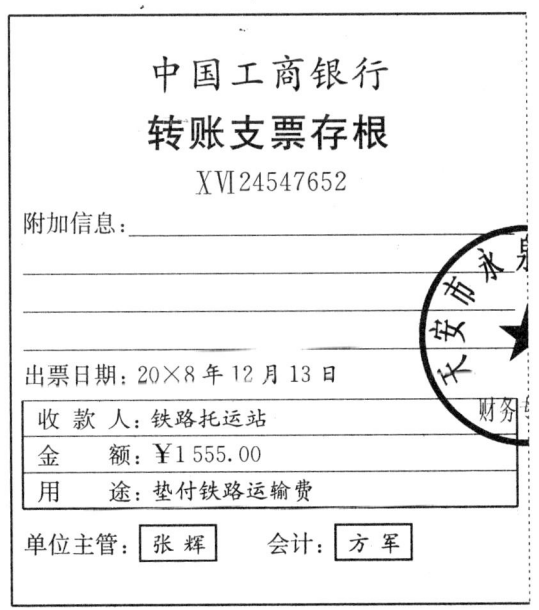

中国工商银行
转账支票存根
XVI 24547652

附加信息：_____

出票日期：20×8年12月13日
收　款　人：铁路托运站
金　　　额：¥1 555.00
用　　　途：垫付铁路运输费
单位主管：张辉　　会计：方军

原始凭证 34-3-3

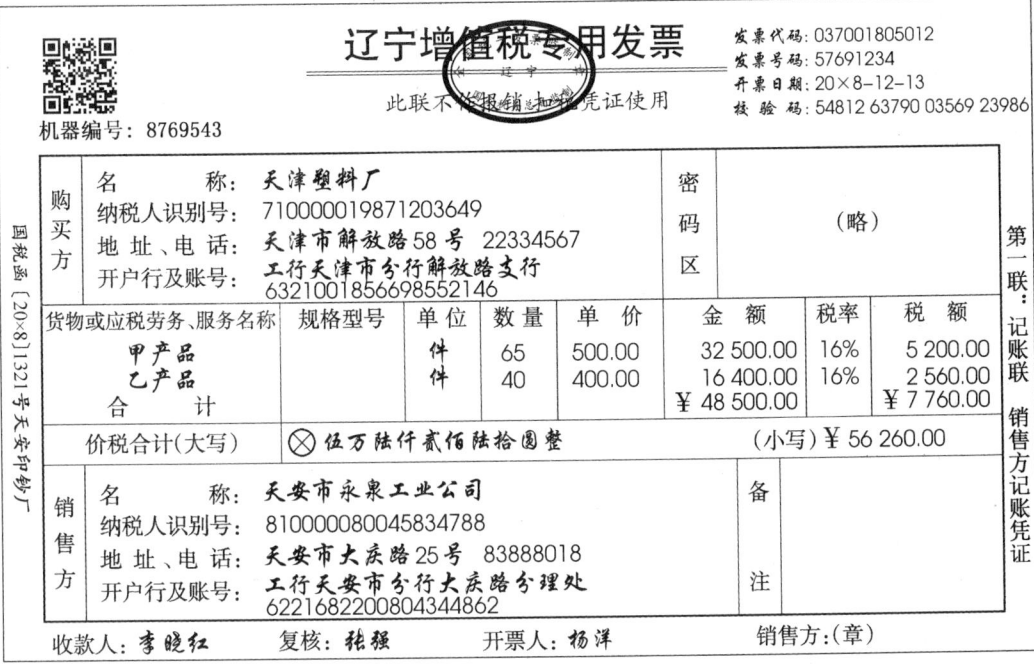

辽宁增值税专用发票

发票代码：037001805012
发票号码：57691234
开票日期：20×8-12-13
校验码：54812 63790 03569 23986

机器编号：8769543

购买方	名　称：	天津塑料厂					密码区	(略)		
	纳税人识别号：	710000019871203649								
	地　址、电话：	天津市解放路58号　22334567								
	开户行及账号：	工行天津市分行解放路支行 6321001856698552146								
货物或应税劳务、服务名称	规格型号	单位	数量	单价	金额	税率	税额			
甲产品		件	65	500.00	32 500.00	16%	5 200.00			
乙产品		件	40	400.00	16 400.00	16%	2 560.00			
合　计					￥48 500.00		￥7 760.00			
价税合计（大写）	⊗ 伍万陆仟贰佰陆拾圆整				（小写）￥56 260.00					
销售方	名　称：	天安市永泉工业公司					备注			
	纳税人识别号：	810000080045834788								
	地　址、电话：	天安市大庆路25号　83888018								
	开户行及账号：	工行天安市分行大庆路分理处 6221682200804344862								
收款人：李晓红		复核：张强		开票人：杨洋			销售方：（章）			

第一联：记账联　销售方记账凭证

业务 35

原始凭证 35-1-1

中国工商银行 网上银行电子回单

20×8年12月13日

付款人	户名	天安市永泉工业公司	收款人	户名	天津塑料厂
	账号	6221682200804344862		账号	6321001856698552146
	开户银行	工行天安市分行大庆路分理处		开户银行	工行天津市分行解放路支行
金额		￥485.00	金额（大写）		人民币肆佰捌拾伍元整
摘要		退回预购余款	业务（产品）种类		
用途					
交易流水号		353565	时间戳		
备注		退回预购余款			
记账网点		5654753	记账柜员		334

业务 36

原始凭证 36-3-1

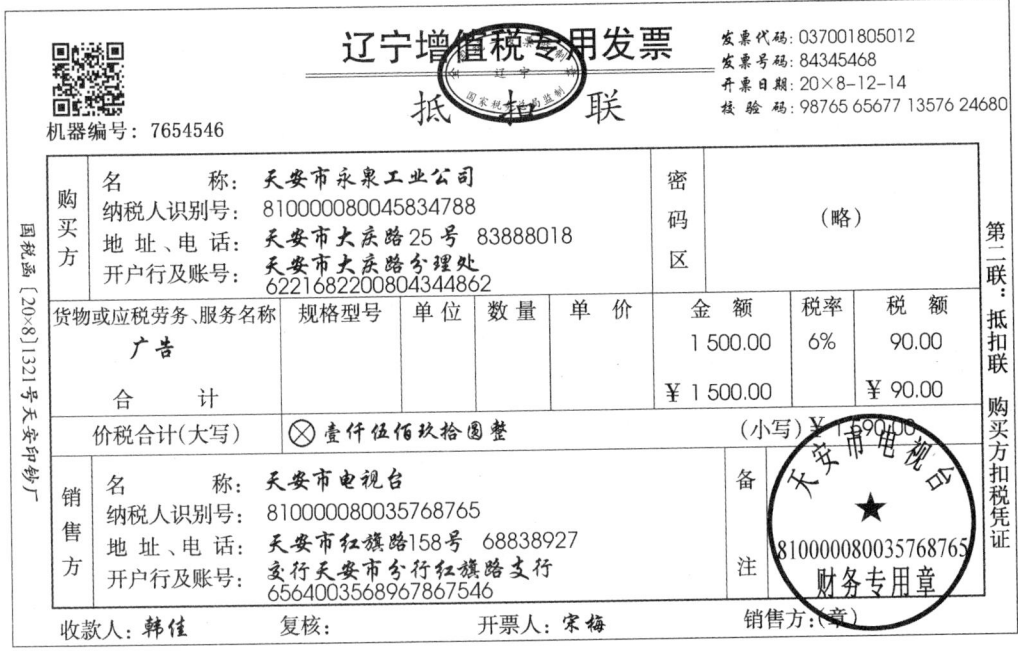

原始凭证 36-3-2

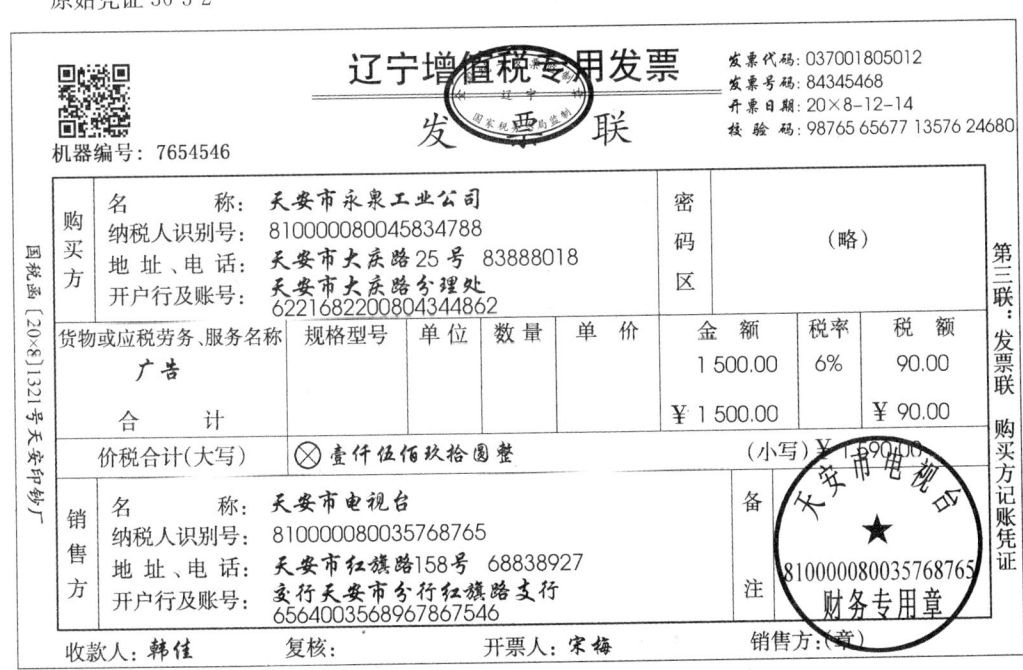

原始凭证 36-3-3

中国工商银行
转账支票存根
XVI 24547651

附加信息：_____

出票日期：20×8 年 12 月 14 日
收 款 人：天安市电视台
金　　额：￥1 590.00
用　　途：支付产品广告费

单位主管：张辉　　会计：方军

业务 37

原始凭证 37-3-1

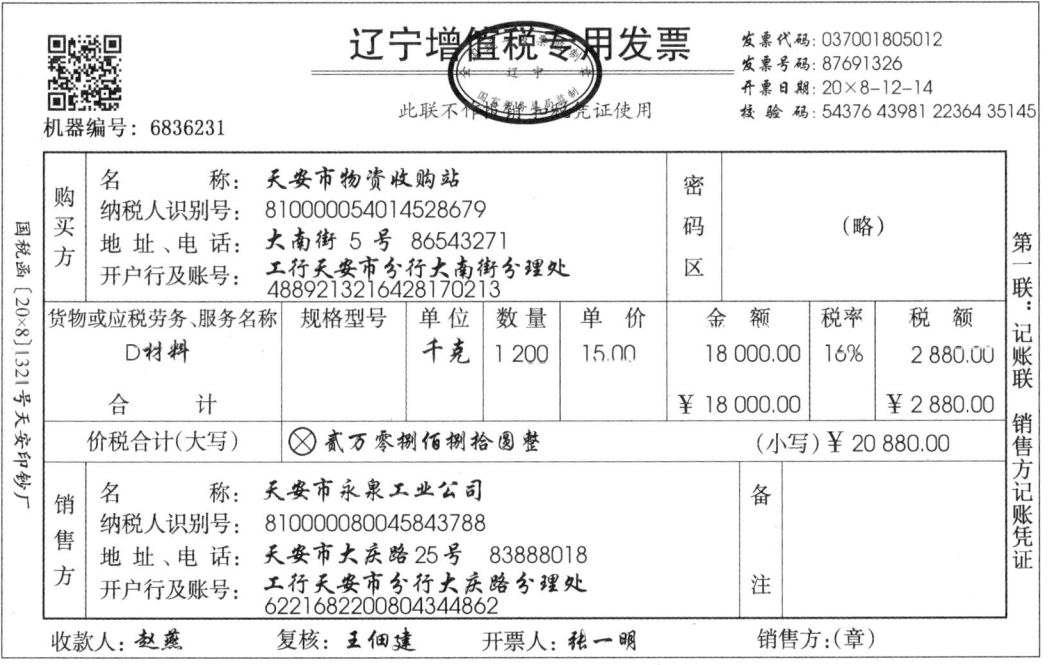

辽宁增值税专用发票

发票代码：037001805012
发票号码：87691326
开票日期：20×8-12-14
校验码：54376 43981 22364 35145

机器编号：6836231

购买方
名　　称：天安市物资收购站
纳税人识别号：810000054014528679
地址、电话：大南街5号　86543271
开户行及账号：工行天安市分行大南街分理处
　　　　　　　4889213216428170213

货物或应税劳务、服务名称	规格型号	单位	数量	单价	金　额	税率	税　额
D材料		千克	1 200	15.00	18 000.00	16%	2 880.00
合　　计					￥18 000.00		￥2 880.00

价税合计（大写）　⊗贰万零捌佰捌拾圆整　　（小写）￥20 880.00

销售方
名　　称：天安市永泉工业公司
纳税人识别号：810000080045843788
地址、电话：天安市大庆路25号　83888018
开户行及账号：工行天安市分行大庆路分理处
　　　　　　　6221682200804344862

收款人：赵燕　复核：王佃建　开票人：张一明　销售方：（章）

原始凭证 37-3-2

中国工商银行进账单（回单）

20×8年12月14日

出票人	全 称	天安市物资收购站	收款人	全 称	天安市永泉工业公司
	账 号	4889213216428170213		账 号	6221682200804344862
	开户银行	工行天安市分行大南街分理处		开户银行	工行天安市分行大庆路分理处

金额	人民币（大写）	贰万零捌佰捌拾元整	亿	千	百	十	万	千	百	十	元	角	分
						¥	2	0	8	8	0	0	0

票据种类	转账支票	票据张数	壹
票据号码			

复核： 记账：

（中国工商银行天安市分行 业务专用章）

开户银行签章

此联是开户银行交给持票人的回单

原始凭证 37-3-3

材料出库单

购货单位：天安市物资收购站 　　20×8年12月14日 　　编号：08813

编号	名称及规格	单位	数量	单价	金额	备注
104	D材料	千克	1 200			
	合　计		1 200			

主管：李勇　　记账：齐芬　　出库：赵祥　　制单：李强

第二联：记账联

业务 38
原始凭证 38-1-1

固定资产捐赠交接单

捐赠单位：大宇集团公司
接收单位：天安市永泉工业公司　　20×8年12月15日

捐赠原因							
名称型号规格	数量	预计使用年限	已使用年限	原值（元）	已提折旧（元）	净值（元）	备注
福特汽车	1	12年	2年	120 000.00	20 000.00	100 000.00	无偿

捐赠单位签章（大宇集团公司）　　接受捐赠单位签章（天安市永泉工业公司）

经办：陈 畅　　经办：房 明

第二联：记账联

业务 39
原始凭证 39-1-1

领 料 单

领用部门：生产车间
制　　号：　　　　20×8年12月15日　　编号：008329

编号	类别	名称	规格	单位	数量		金额	
					请领	实发	单价	总额
101		A材料		千克	200	200		
102		B材料		千克	100	100		
103		C材料		千克	40	40		
		合　计			340	340		

用途：用于生产乙产品。

发料人：王国平　　记账：齐 明　　领料部门负责人：周小建　　领料人：王 晓

第二联：记账联

业务 40
原始凭证 40-1-1

空白凭证领用单（代缴费回单）

科目_____　　　　　　　　　　　　　　　　No.02431

户名 天安市永泉工业公司　账号 6221682200804344862　20×8 年 12 月 16 日

凭证种类				数量	单价	金额							出纳收款号码单
每本页(份)数	起止号码		名称			千	百	十	元	角	分		No._____
	起号	止号											
25			现金支票					7	5	0	0		No._____
25			转账支票					7	5	0	0		兹凭本缴款单收到凭证印刷费：
合计							1	5	0	0	0		¥_____

人民币（大写）壹佰伍拾元整　　　　　　　　　　　　　　　　　　　_____专柜

企业主管：张辉　　会计：孙德伟　　记账：　　　银行复核员：李芳　　审查员：邵兴

（盖章：中国工商银行天安市分行 业务专用章）

业务 41
原始凭证 41-3-1

辽宁增值税专用发票

发票代码：037001805012
发票号码：87691243
开票日期：20×8-12-16
校验码：87654 36281 97070 23213

机器编号：8563273

此联不作报销抵扣凭证使用

购买方	名　　称	天安市纺织厂					密码区	（略）
	纳税人识别号	810000082003466178						
	地址、电话	光明路5号 87691323						
	开户行及账号	工行天安市分行光明路分理处 6221683200123151179						

货物或应税劳务、服务名称	规格型号	单位	数量	单价	金　额	税率	税　额
乙产品		件	50	400.00	20 000.00	16%	3 200.00
合　　计					¥20 000.00		¥3 200.00

价税合计（大写）　⊗ 贰万叁仟贰佰圆整　　　　　　　（小写）¥23 200.00

销售方	名　　称	天安市永泉工业公司	备注
	纳税人识别号	810000080045843788	
	地址、电话	天安市大庆路25号 83888018	
	开户行及账号	工行天安市分行大庆路分理处 6221682200804344862	

收款人：胡新　　复核：王佃建　　开票人：张一明　　销售方：（章）

国税函[20×8]1321号 天安印刷厂

原始凭证 41-3-2

中国工商银行进账单（回单）

20×8 年 12 月 16 日

付款人	全称	天安市纺织厂	收款人	全称	天安市永泉工业公司
	账号	6221683200123151179		账号	6221682200804344862
	开户银行	工行天安市分行光明路分理处		开户银行	工行天安市分行大庆路分理处

金额	人民币（大写）	贰万叁仟贰佰元整	亿 千 百 十 万 千 百 十 元 角 分
			¥ 2 3 2 0 0 0 0

票据种类	转账支票	票据张数	壹
票据号码			

复核：　　　记账：　　　　　开户银行签章（中国工商银行天安市分行业务专用章）

此联是开户银行交给持票人的回单

原始凭证 41-3-3

产 品 出 库 单

购货单位：天安市纺织厂　　　20×8 年 12 月 07 日　　　编号：08813

编号	名称及规格	单位	数量	单价	金额	备注
02	乙产品	件	50			
	合计		50			

主管：李勇　　记账：齐芬　　出库：赵祥　　制单：李强

第二联：记账联

业务42

原始凭证42-1-1

天安市永泉工业公司

应付款转销单　　　　　　20×8年12月17日

债权单位	国盛运输站	地 址	天安市西河路23号
债务金额	人民币(大写)壹仟伍佰元整		(小写)￥1 500.00
债务原因	应付运费	转销原因	该站已撤销
厂部意见	因无法支付应予以转销,列营业外收入。经理 肖志刚 20×8年12月15日		
上级主管部门意见	同意转销。负责人签章:李鹏程(主管部门公章) 20×8年12月17日		

业务43

原始凭证43-5-1

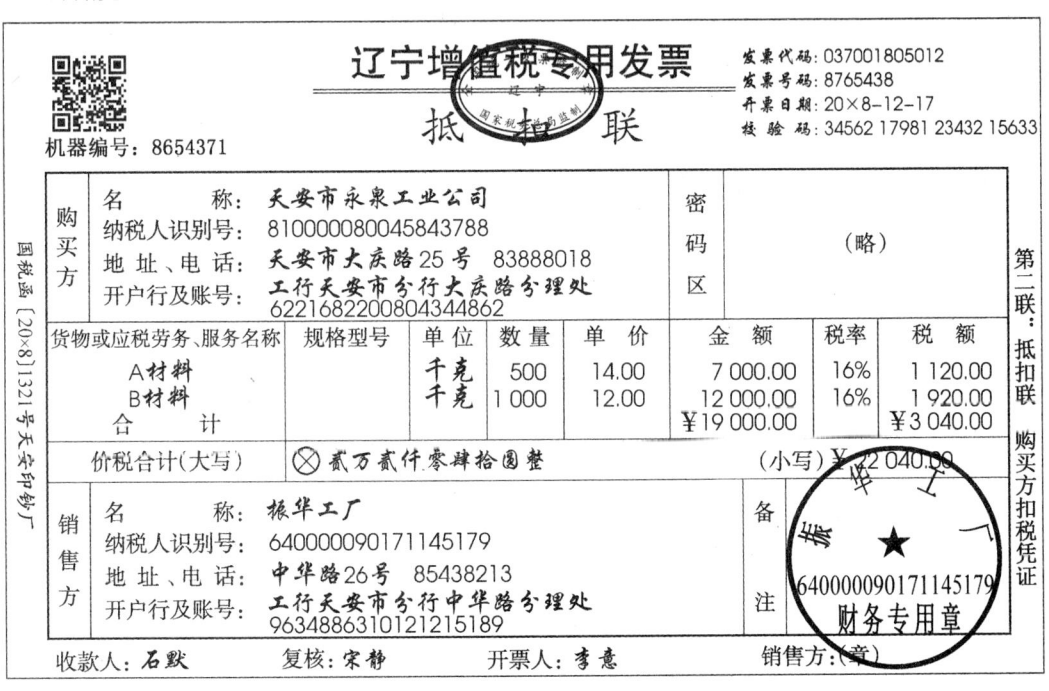

原始凭证 43-5-2

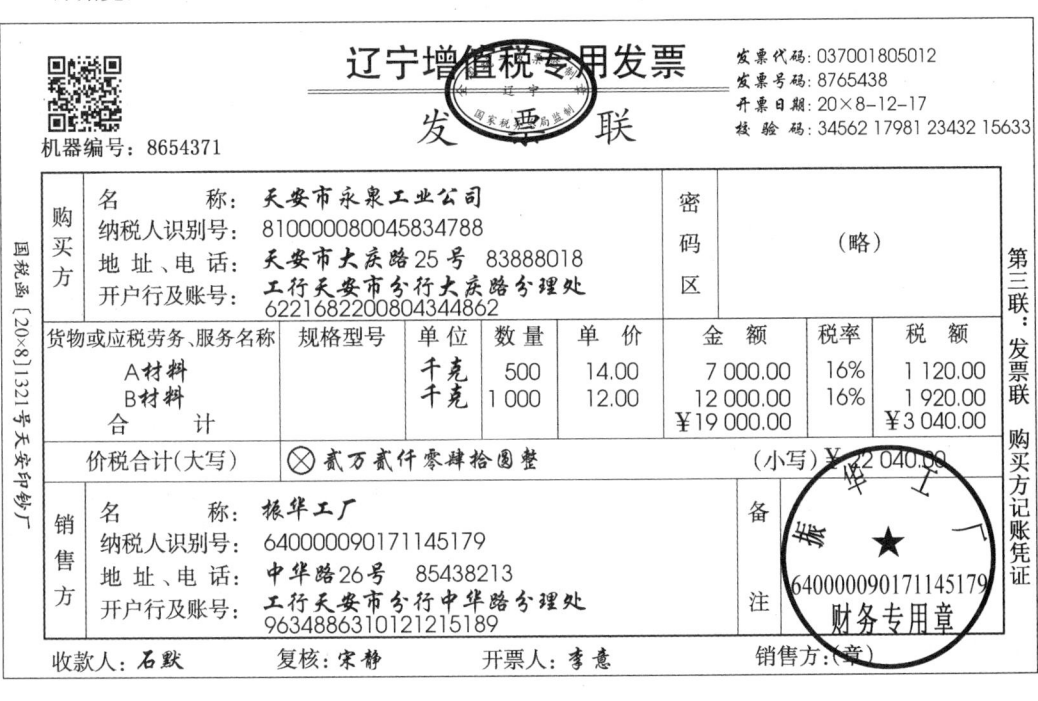

原始凭证 43-5-3

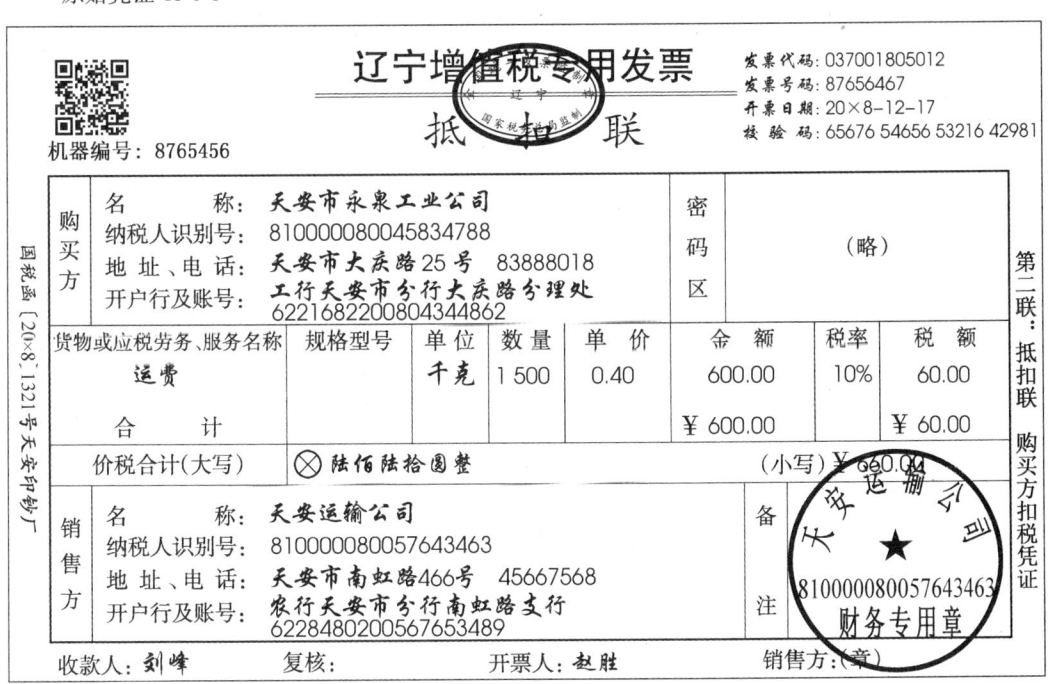

原始凭证 43-5-4

辽宁增值税专用发票

发票代码：037001805012
发票号码：87656467
开票日期：20×8-12-17
校验码：65676 54656 53216 42981

机器编号：8765456

购买方	名称：天安市永泉工业公司 纳税人识别号：810000080045834788 地址、电话：天安市大庆路25号 83888018 开户行及账号：工行天安市分行大庆路分理处 6221682200804344862	密码区	（略）

货物或应税劳务、服务名称	规格型号	单位	数量	单价	金额	税率	税额
运费		千克	1 500	0.40	600.00	10%	60.00
合计					￥600.00		￥60.00

价税合计（大写）　⊗ 陆佰陆拾圆整　　　　（小写）￥660.00

销售方	名称：天安运输公司 纳税人识别号：810000080057643463 地址、电话：天安市南虹路466号 45667568 开户行及账号：农行天安市分行南虹路支行 6228480200567653489	备注	（天安运输公司财务专用章 810000080057643463）

收款人：刘峰　　复核：　　开票人：赵胜　　销售方：（章）

原始凭证 43-5-5

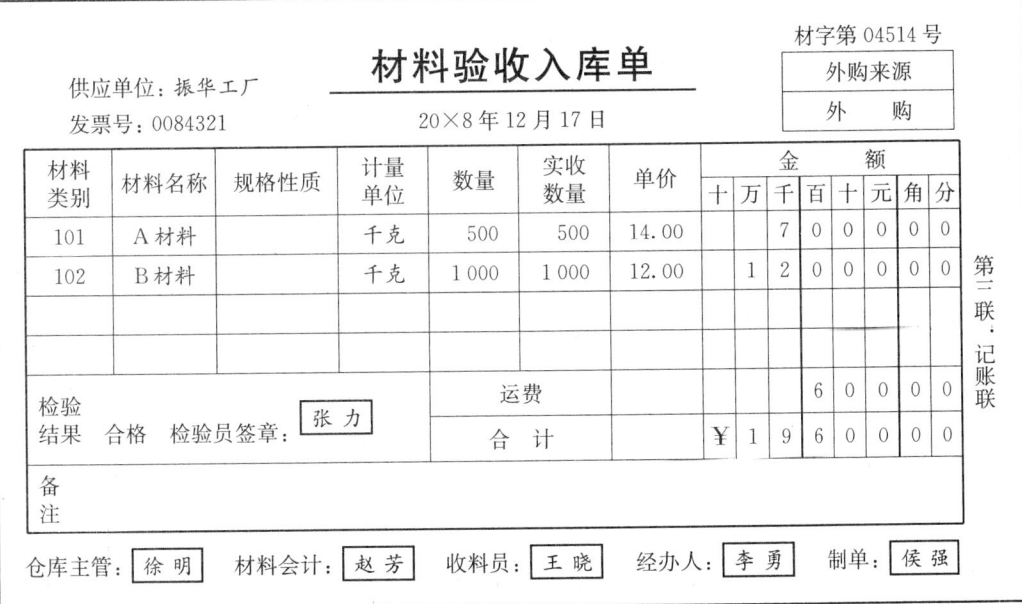

材料验收入库单

材字第 04514 号
外购来源：外购

供应单位：振华工厂
发票号：0084321
20×8年12月17日

材料类别	材料名称	规格性质	计量单位	数量	实收数量	单价	金额 十万千百十元角分
101	A材料		千克	500	500	14.00	7 0 0 0 0 0
102	B材料		千克	1 000	1 000	12.00	1 2 0 0 0 0 0
					运费		6 0 0 0 0
检验结果 合格 检验员签章：张力					合计		￥1 9 6 0 0 0 0

备注：

仓库主管：徐明　材料会计：赵芳　收料员：王晓　经办人：李勇　制单：侯强

业务 44

原始凭证 44-1-1

托收凭证(汇款依据或收账通知)

付款期限 20×8年12月20日

委托日期 20×8年12月12日

业务类型	委托汇款(□邮划、□电划)	托收承付(☑邮划、□电划)		
付款人	全称	南京佳新工厂	收款人 全称	天安市永泉工业公司
	账号	4316002890132164298	账号	6221682200804344862
	地址 省/市县	南京市	开户行	工行南京市分行中山路分理处	地址 省/市县	天安市	开户行	工行天安市分行大庆路分理处

金额	人民币(大写)	贰万肆仟贰佰元整	亿千百十万千百十元角分 ¥ 2 4 2 0 0 0 0

款项内容		托收凭据名称	发票、运单、合同	附寄单证张数	3
商品发运情况	货已发出	合同名称号码	购销合同0054号		
备注：	上列款项已划回收入你方账户内。				

收款人开户银行签章

(中国工商银行天安市分行 业务专用章)

20×8年12月18日

复核： 记账：

业务 45

原始凭证 45-1-1

中国工商银行(付款通知)

总字第 号
字 第 号

特种转账借方传票

20×8年12月18日

付款单位	全称	天安市永泉工业公司	收款单位	全称	工行天安市分行大庆路分理处
	账号或地址	6221682200804344862		账号或地址	6221682200880468859
	开户银行	工行天安市分行大庆路分理处	行号		开户银行	本行	行号

金额	人民币(大写)	壹拾万零贰佰元整	千百十万千百十元角分 ¥ 1 0 0 2 0 0 0 0

原凭证金额	壹拾万元整	赔偿金		
原凭证名称	借款凭证	号	20×8.12.18 467351	
转账原因	到期归还临时借款本息			

科 目(借) _____
对方科目(贷) _____

会计： 复核： 记账：

业务 46

原始凭证 46-3-1

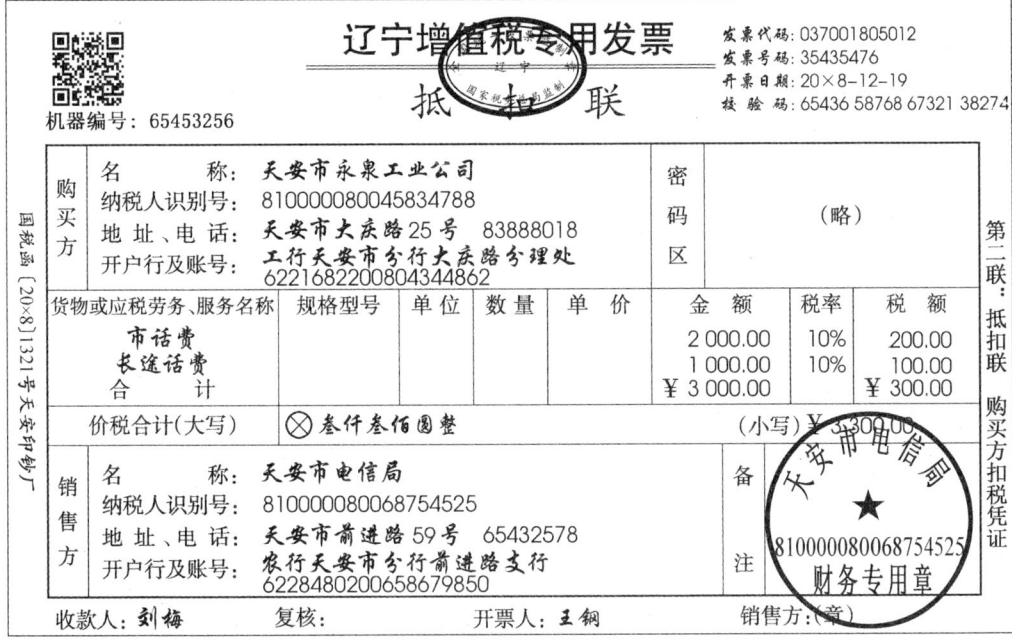

原始凭证 46-3-2

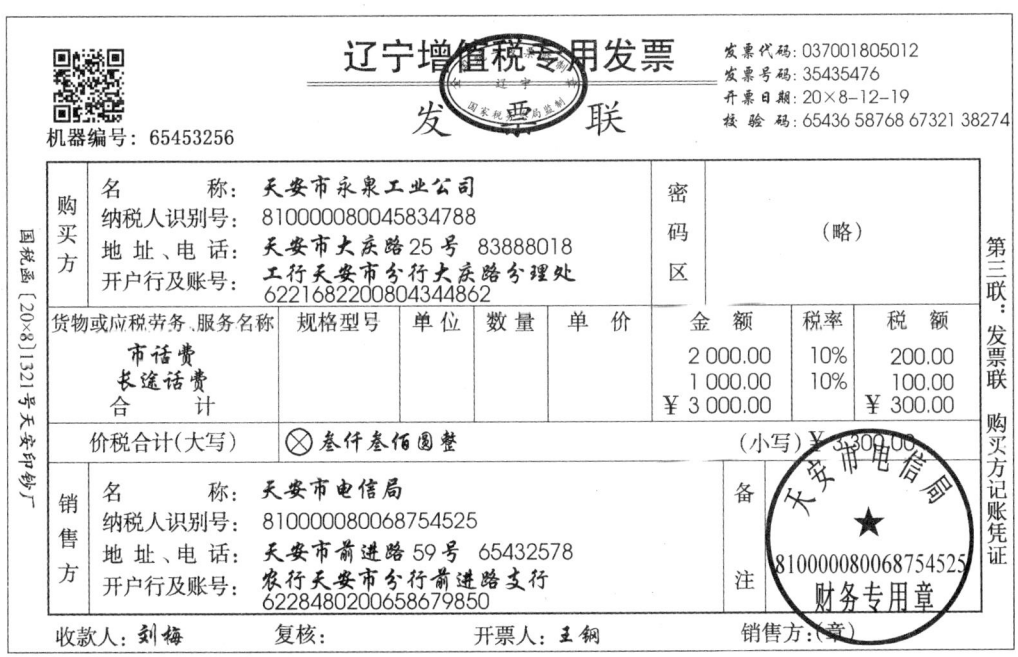

原始凭证 46-3-3

中国工商银行
转账支票存根
XVI 24547654

附加信息：＿＿＿＿＿＿＿＿＿＿＿
＿＿＿＿＿＿＿＿＿＿＿＿＿＿＿＿
＿＿＿＿＿＿＿＿＿＿＿＿＿＿＿＿

出票日期：20×8 年 12 月 19 日
收 款 人：市电信局
金　　额：¥3 300.00
用　　途：支付本月电话费
单位主管：张辉　　会计：方军

业务 47

原始凭证 47-1-1

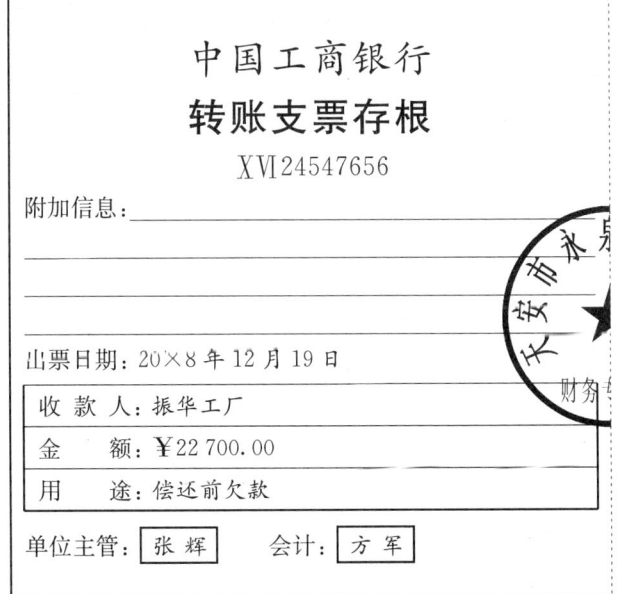

中国工商银行
转账支票存根
XVI 24547656

附加信息：＿＿＿＿＿＿＿＿＿＿＿

出票日期：20×8 年 12 月 19 日
收 款 人：振华工厂
金　　额：¥22 700.00
用　　途：偿还前欠款
单位主管：张辉　　会计：方军

业务 48

原始凭证 48-3-1

辽宁增值税专用发票

此联不作报销抵扣凭证使用

发票代码：037001805012
发票号码：87691331
开票日期：20×8-12-19
校验码：54212 35810 27983 23126

机器编号：3587321

购买方	名　　称	天安市汽车修配厂	密码区	（略）
	纳税人识别号	810000025678211469		
	地址、电话	大北街8号　87691938		
	开户行及账号	工行天安市分行大北街分理处 6221683200803947283		

货物或应税劳务、服务名称	规格型号	单位	数量	单价	金额	税率	税额
乙产品		件	60	400.00	24 000.00	16%	3 840.00
合　　计					￥24 000.00		￥3 840.00

价税合计（大写）　⊗ 贰万柒仟捌佰肆拾圆整　（小写）￥27 840.00

销售方	名　　称	天安市永泉工业公司	备注	
	纳税人识别号	810000080045843788		
	地址、电话	天安市大庆路25号　83888018		
	开户行及账号	工行天安市分行大庆路分理处 6221682200804344862		

收款人：胡新　　复核：王佃建　　开票人：张一明　　销售方：（章）

第一联：记账联　销售方记账凭证

原始凭证 48-3-2

中国工商银行进账单（回单）

20×8年12月19日

出票人	全称	天安市汽车修配厂	收款人	全称	天安市永泉工业公司
	账号	6221683200803947283		账号	6221682200804344862
	开户银行	工行天安市分行大北街分理处		开户银行	工行天安市分行大庆路分理处

金额	人民币（大写）　贰万柒仟捌佰肆拾元整	亿	千	百	十	万	千	百	十	元	角	分
					￥	2	7	8	4	0	0	0

票据种类	转账支票	票据张数	壹	
票据号码				

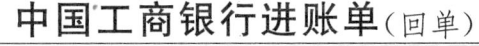

复核　　　记账　　　　　开户银行签章

此联是开户银行交给持票人的回单

原始凭证48-3-3

产品出库单

购货单位：天安市汽车修配厂　　20×8年12月19日　　编号：08814

编号	名称及规格	单位	数量	单价	金额	备注
02	乙产品	件	60			
	合　计		60			

主管：李勇　　记账：齐芬　　出库：李强　　制单：赵祥

第二联：记账联

业务49

原始凭证49-3-1

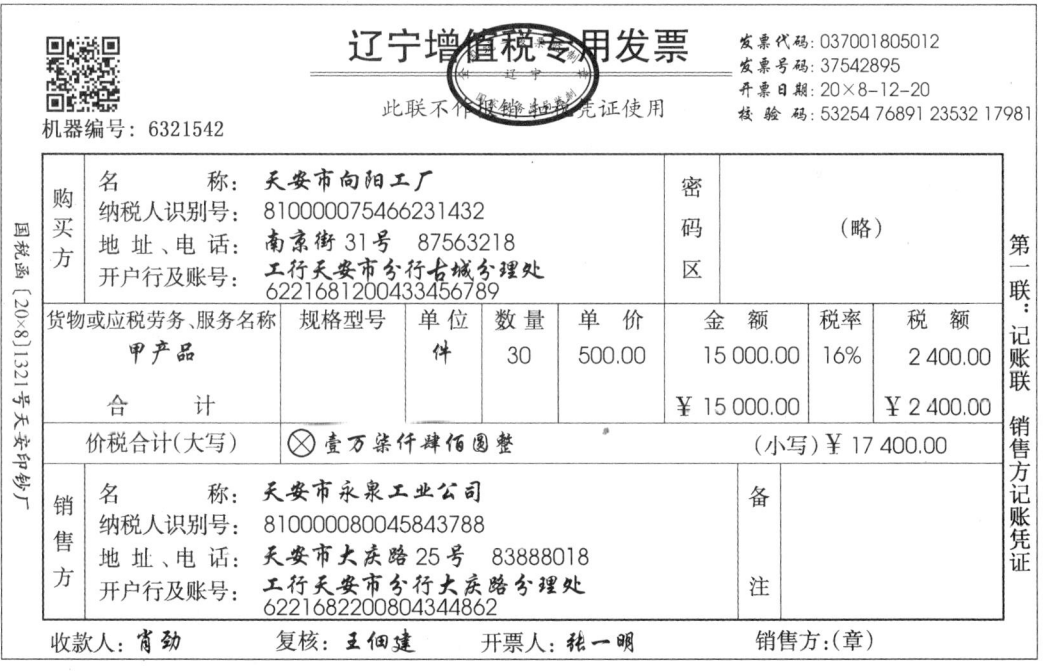

原始凭证 49-3-2

产品出库单

购货单位：向阳工厂　　　20×8年12月20日　　　编号：008815

编号	名称及规格	单位	数量	单价	金额	备注
01	甲产品	件	30			
	合　计		30			

主管：李勇　　　记账：齐芬　　　出库：赵祥　　　制单：李强

第二联：记账联

原始凭证 49-3-3

中国工商银行进账单（回单）

20×8年12月20日

出票人	全称	天安市向阳工厂	收款人	全称	天安市永泉工业公司
	账号	6221681200433456789		账号	6221682200804344862
	开户银行	工行天安市分行古城分理处		开户银行	工行天安市分行大庆路分理处

金额	人民币（大写）	壹万柒仟肆佰元整	亿	千	百	十	万	千	百	十	元	角	分
						￥	1	7	4	0	0	0	0

票据种类	转账支票	票据张数	壹
票据号码			

复核：　　　记账：

（盖章：中国工商银行天安市分行 20×8.12.20 转讫）

开户银行签章

此联是开户银行交给持票人的回单

业务 50

原始凭证 50-1-1

产成品入库单

缴库部门：生产车间　　　20×8年12月20日　　　编号：08816

编号	名称及规格	单件	数量	单价	金额 百 十 万 千 百 十 元 角 分	备注
01	甲产品	件	70			
	合计		70			

主管：李勇　　记账：齐芬　　出库：赵祥　　制单：李强

第二联：记账联

业务 51

原始凭证 51-1-1

中国工商银行（付款通知）
特种转账借方传票

总字第　　号
字第　　号

20×8年12月21日

付款单位	全称	天安市永泉工业公司	收款单位	全称	工行天安市分行大庆路分理处
	账号或地址	6221682200803 44862		账号或地址	6221682200800468354
	开户银行	大庆路分理处　行号		开户银行	本行　行号
金额	人民币（大写）	叁仟元整			千 百 十 万 千 百 十 元 角 分 ¥ 3 0 0 0 0 0
原凭证金额		贰拾万元整	赔偿金		科目(借)_____
原凭证名称		借款凭证	号码	467851	对方科目(贷)_____
转账原因		支付本季度借款利息			主管：　会计：　复核：　记账：

银行盖章 业务专用章

此联是通知付款人付款的通知联

业务 52

原始凭证 52-3-1

中国工商银行
转账支票存根
XVI 24547658

附加信息：＿＿＿＿＿＿＿＿＿＿＿＿＿＿＿＿

出票日期：20×8 年 12 月 21 日
收 款 人：市装潢公司
金　　额：￥2 200.00
用　　途：公司会议室装修费
单位主管：张辉　　会计：方军

原始凭证 52-3-2

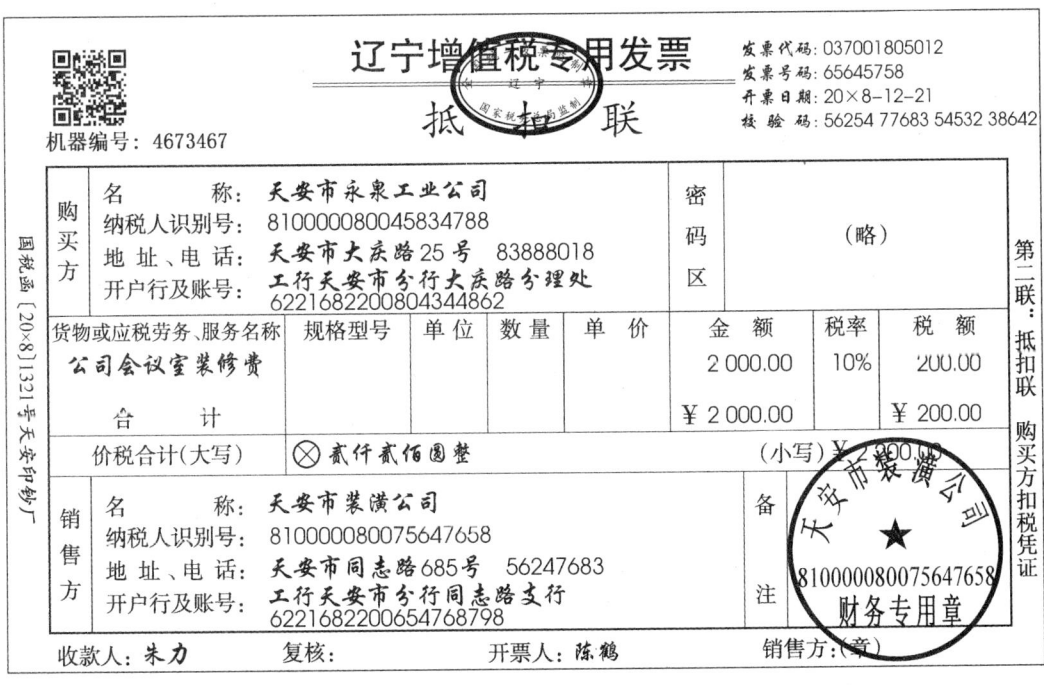

原始凭证52-3-3

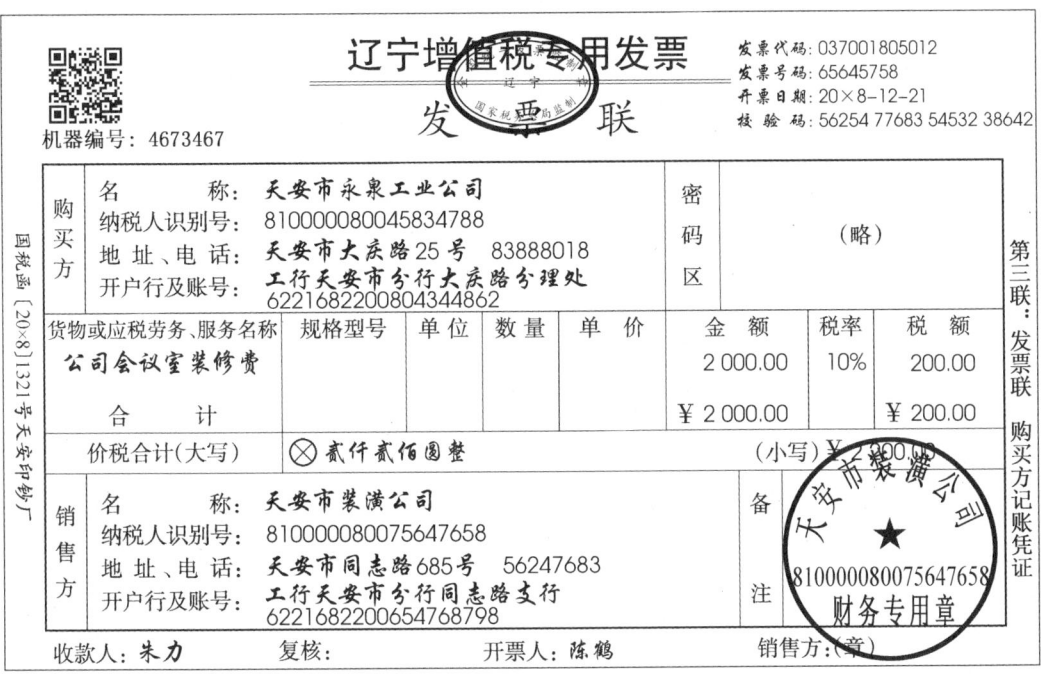

业务53

原始凭证53-1-1

业务 54

原始凭证 54-1-1

收 据

No.0083562

20×8 年 12 月 22 日

今收到　供应部职工张彦青

交　来　搬家部公司卡车费

人民币(大写)叁佰元整　　　　　　　(小写)￥300.00

收款单位
公　　章　　现金收讫　　　收款人：方军　　交款人：张彦青

第二联：会计

业务 55

原始凭证 55-2-1

收款收据

收款日期：　20×8 年 12 月 22 日　　号码：0092655

交款单位	天安市工业总公司	支付方式	转　账								
人民币(大写)	壹拾伍万元整		百	十	万	千	百	十	元	角	分
			￥	1	5	0	0	0	0	0	0
收款事由	接受投入的资金	经办	部门								
			人员								
上记款项照数收讫无误。 财务专用章		会计主管 张辉	人员 张辉	稽核员 陈晓		出纳员 方军		交款人 李山			

第二联：记账联

原始凭证 55-2-2

中国工商银行进账单（回单）

20×8年12月22日

出票人	全称	天安市工业总公司	收款人	全称	天安市永泉工业公司
	账号	6221684100045878213		账号	6221682200804344862
	开户银行	工行天安市分行北大街分理处		开户银行	工行天安市分行大庆路分理处

金额	人民币（大写）	壹拾伍万元整	亿千百十万千百十元角分
			￥150000 00

票据种类	转账支票	票据张数	壹
票据号码			

复核：　　　　记账：

（中国工商银行天安市 20×8.12.22 转讫 开户银行签章）

此联是开户银行交给持票人的回单

业务56

原始凭证 56-1-1

领 料 单

领用部门：销售部　　　　　　20×8年12月23日　　　　　编号：008330
制　号：

编号	类别	名称	规格	单位	数量 请领	数量 实发	金额 单价	金额 总额
105		包装箱		只	20	20		
		合计			20	20		

用途：用于所销售甲产品的包装箱

发料人：王国平　　记账：　　领料部门负责人：周小建　　领料人：王志刚

第二联：记账联

业务 57

原始凭证 57-3-1

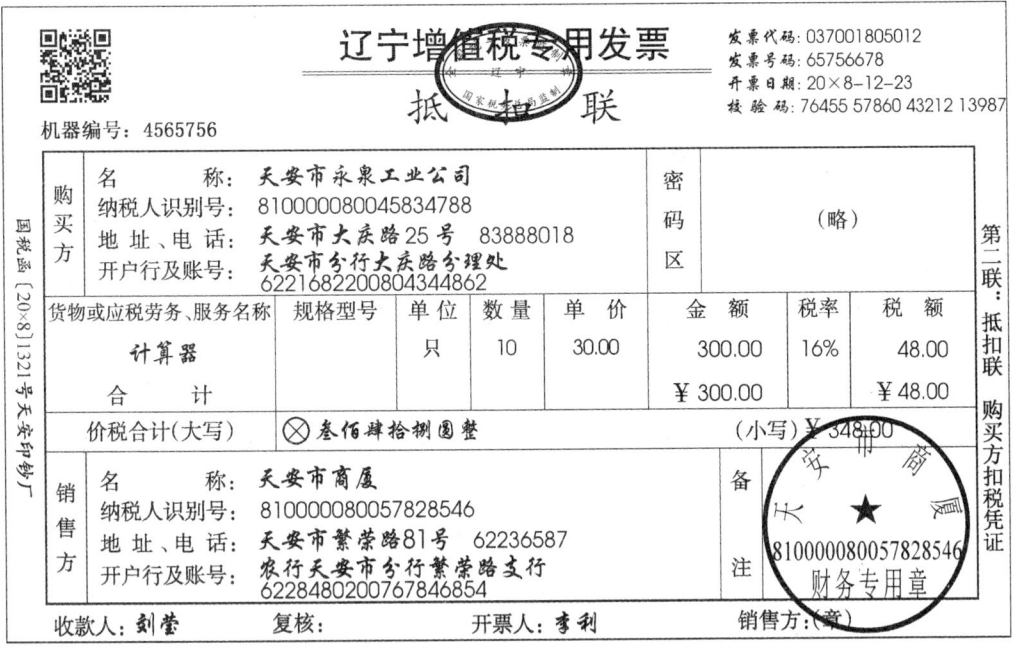

原始凭证 57-3-2

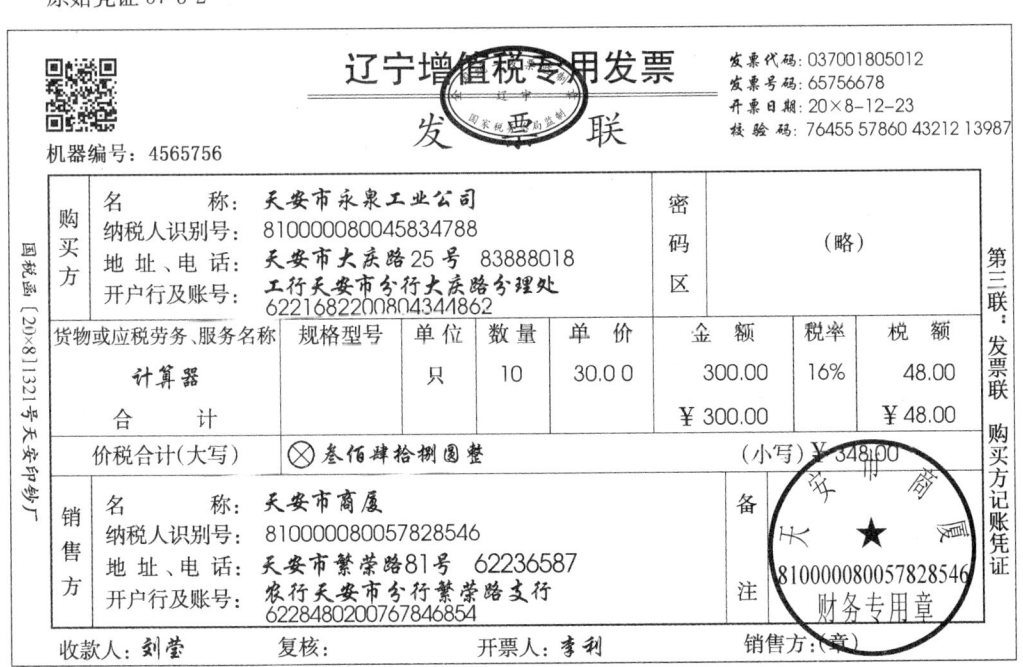

原始凭证 57-3-3

中国工商银行网上银行电子回单

20×8年12月23日

付款人	户名	天安市永泉工业公司	收款人	户名	天安市商厦
	账号	6221682200804344862		账号	6228480200767846854
	开户银行	工行天安市分行大庆路分理处		开户银行	农行天安市分行繁荣路支行
金额		￥348.00	金额(大写)		人民币叁佰肆拾捌元整
摘要		购买计算器	业务(产品)种类		
用途					
交易流水号		674354	时间戳		
备注：购买计算器					
记账网点		23654	记账柜员		213

(中国工商银行 电子回单 专用章)

业务58

原始凭证 58-3-1

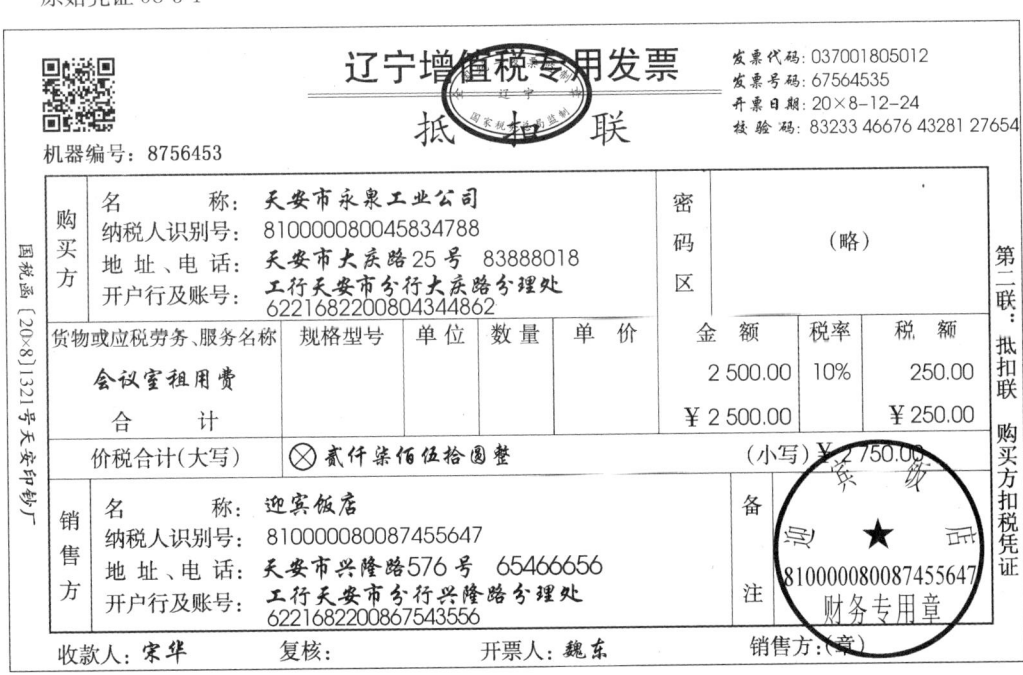

原始凭证 58-3-2

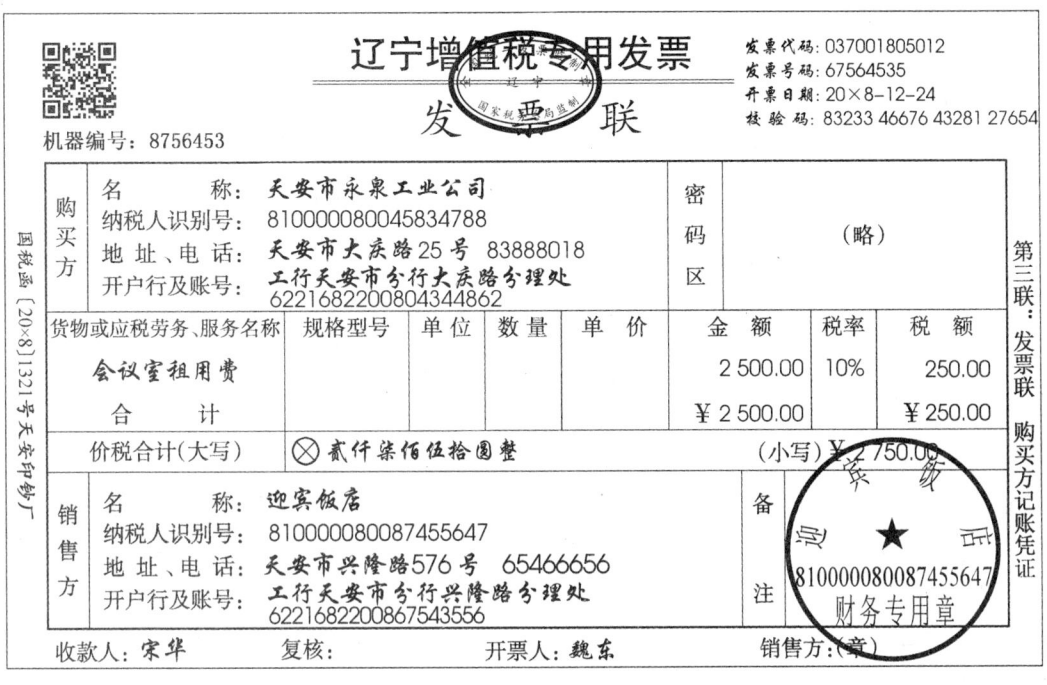

原始凭证 58-3-3

业务 59

原始凭证 59-1-1

领 料 单

领用部门：生产车间
制　　号：
20×8 年 12 月 25 日　　　　　　　　　　　　编号：008331

编号	类别	名称	规格	单位	数量 请领	数量 实发	金额 单价	金额 总额
101		A材料		千克	1 000	1 000		
102		B材料		千克	800	800		
103		C材料		千克	1 500	1 500		
		合　计						

用途：用于生产乙产品

发料人：王国平　　记账：　　领料部门负责人：周小建　　领料人：张力

第二联：记账联

业务 60

原始凭证 60-1-1

领 料 单

领用部门：公司销售部
制　　号：
20×8 年 12 月 25 日　　　　　　　　　　　　编号：008332

编号	类别	名称	规格	单位	数量 请领	数量 实发	金额 单价	金额 总额
103		C材料		千克	50	50		
		合　计			50	50		

用途：用于一般消耗

发料人：王国平　　记账：　　领料部门负责人：周小建　　领料人：王涛

第二联：记账联

业务 61

原始凭证 61-3-1

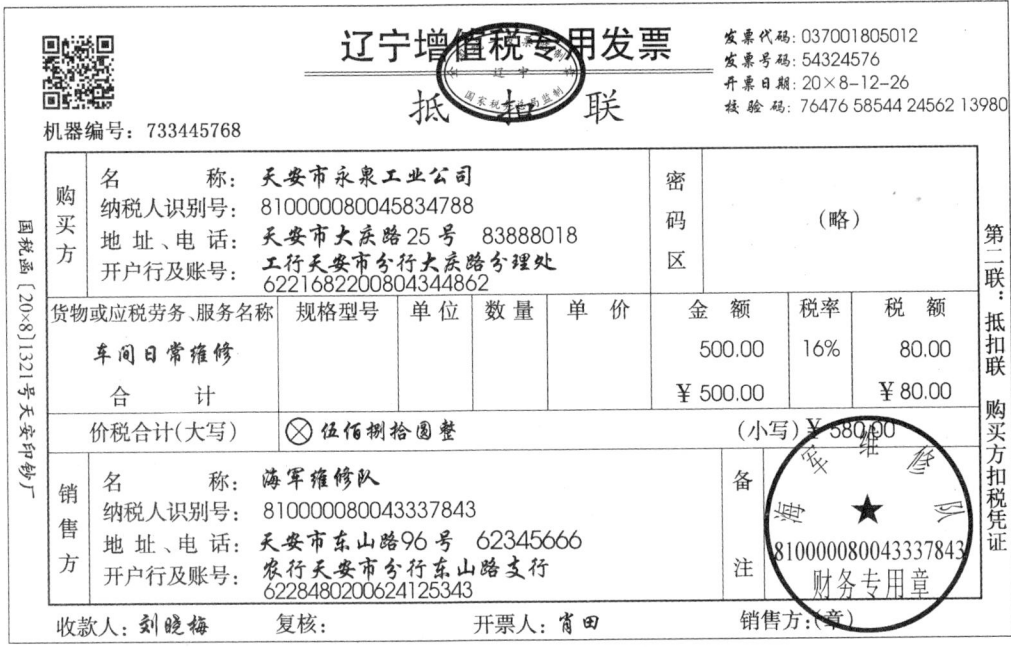

原始凭证 61-3-2

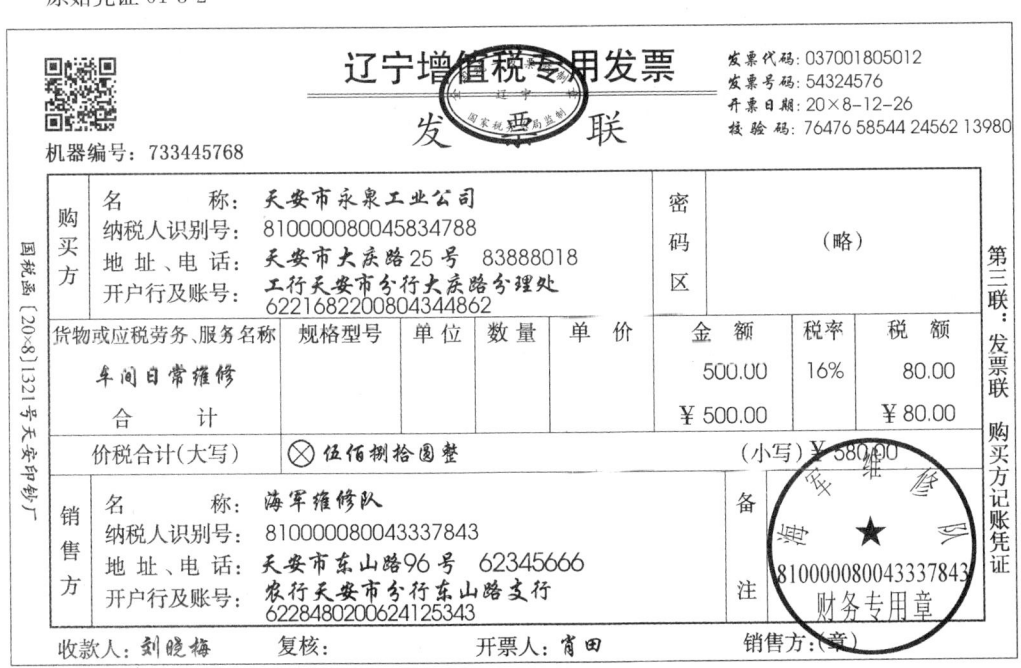

原始凭证61-3-3

中国工商银行 网上银行电子回单

20×8年12月26日

付款人	户名	天安市永泉工业公司	收款人	户名	海军维修队
	账号	6221682200804344862		账号	6228480200624125343
	开户银行	工行天安市分行大庆路分理处		开户银行	农行天安市分行东山路支行
金额		￥580.00	金额(大写)		人民币伍佰捌拾圆整
摘要		支付维修费	业务(产品)种类		
用途					
交易流水号		34465	时间戳		
备注		支付维修费			
记账网点		54432	记账柜员		743

(中国工商银行 电子回单 专用章)

业务62

原始凭证62-4-1

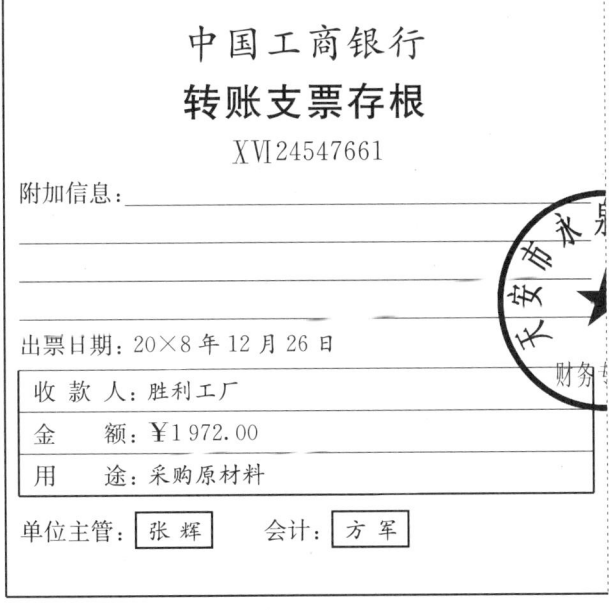

原始凭证62-4-2

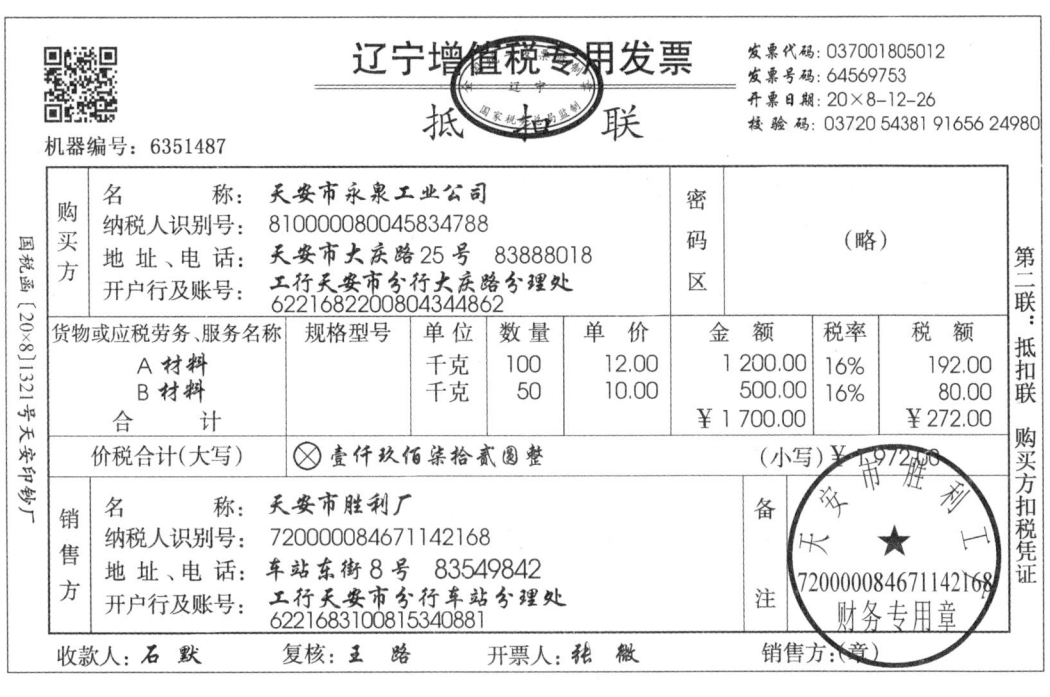

原始凭证62-4-3

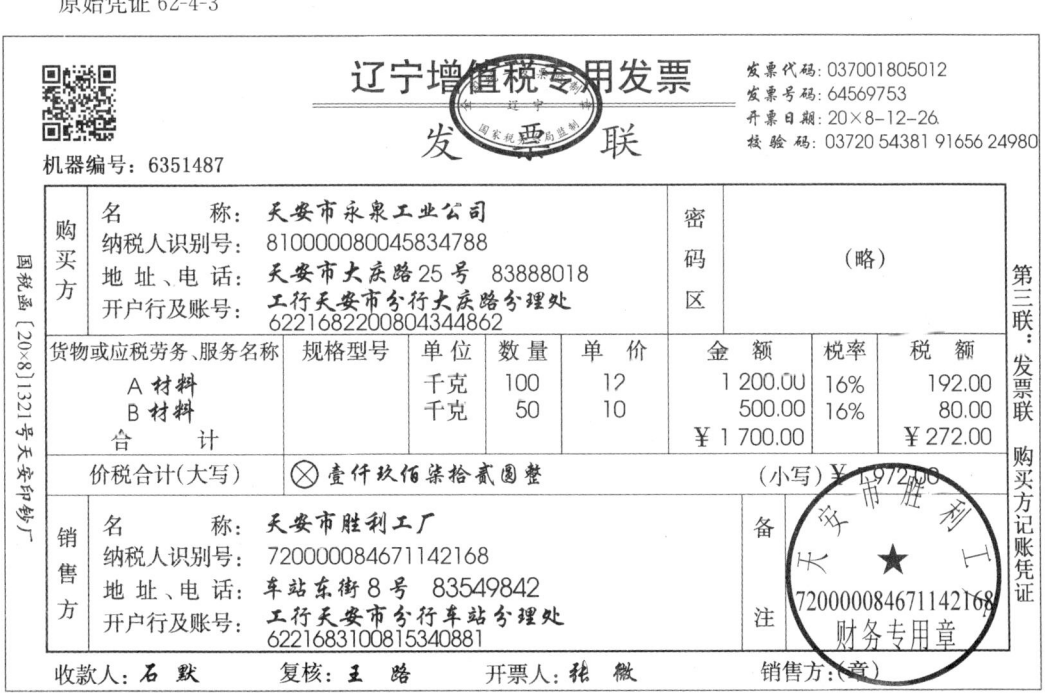

原始凭证62-4-4

材料验收入库单

材字第 04515 号

供应单位：天安市胜利工厂
发票号：028764

20×8 年 12 月 26 日

材料来源：胜利工厂

材料类别	材料名称	规格性质	计量单位	数量	实收数量	单价	金额 十万 千 百 十 元 角 分
101	A材料		千克	100	100	12.00	1 2 0 0 0 0
102	B材料		千克	50	50	10.00	5 0 0 0 0

检验结果 合格
检验员签章：张 力

运费
合 计 ￥1 7 0 0 0

备注

仓库主管：徐明　材料会计：赵芳　收料员：王晓　经办人：李勇　制单：侯强

第三联：记账联

业务63

原始凭证63-1-1

材料盘盈盘亏报告单

部门：材料仓库　　20×8 年 12 月 26 日

编号	品名规格	单位	账面数量	实存数量	盘盈 数量	盘盈 金额	盘亏 数量	盘亏 金额	原因
101	A材料	千克	2 900	2 800			100		水灾

处理意见	保管部门	清查小组	审批部门
	水灾所致，保险公司应予以赔偿	同意保管部门意见	

供应部门负责人：王陆　　保管：王华　　清点人：李林

第二联：记账联

业务 64

原始凭证 64-3-1

中国工商银行
转账支票存根
XVI 24547663

附加信息：_____

出票日期：20×8 年 12 月 27 日

收 款 人：	职业学院
金　　额：	￥2 120.00
用　　途：	培训经费

单位主管：张辉　　会计：方军

原始凭证 64-3-2

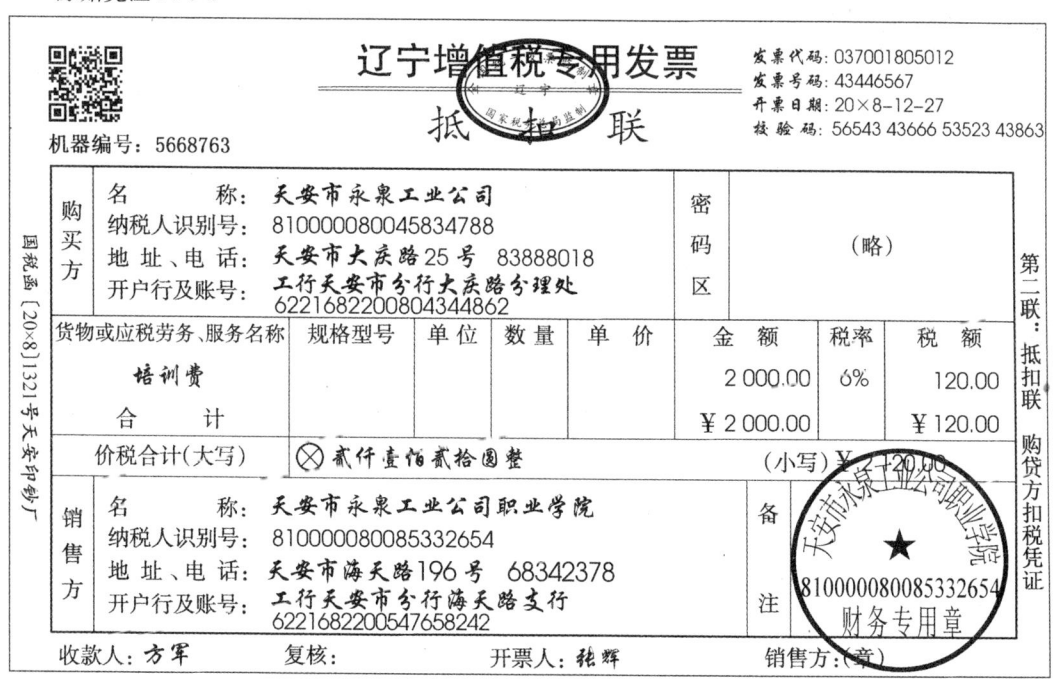

原始凭证64-3-3

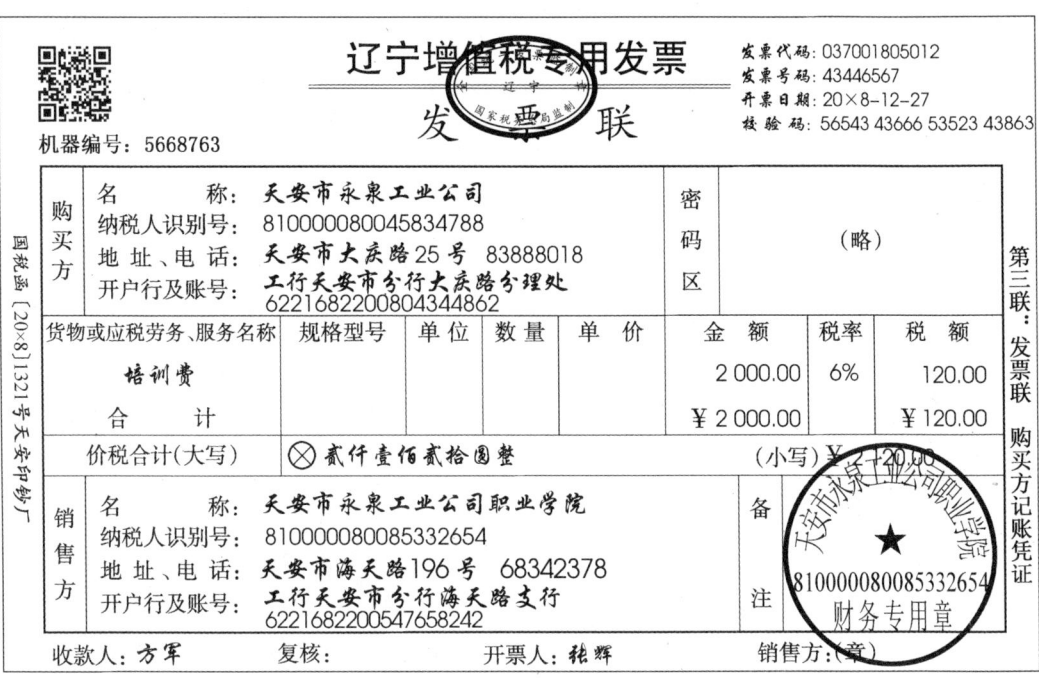

业务65

原始凭证65-4-1

12月份水费分配表

单位:元

部　　门	金　　额
生产车间——甲产品	400
——乙产品	500
生产车间一般耗用	400
行政管理部门	200
合　　计	￥1 500

财务主管：张 辉　　审核：齐天利　　制单：郭向东

原始凭证 65-4-2

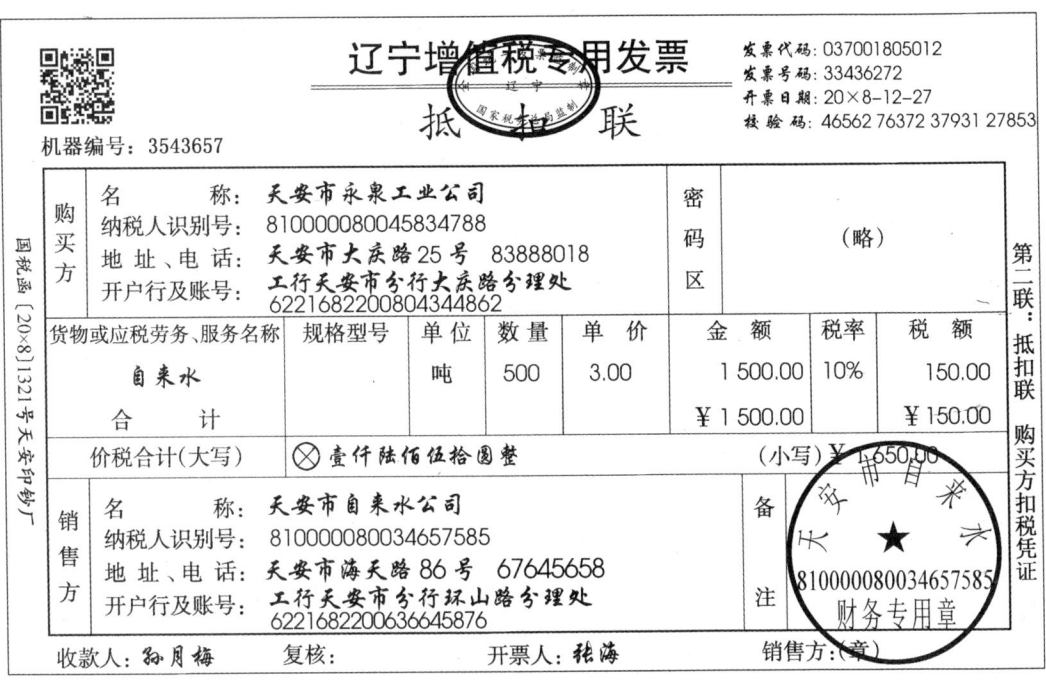

原始凭证 65-4-3

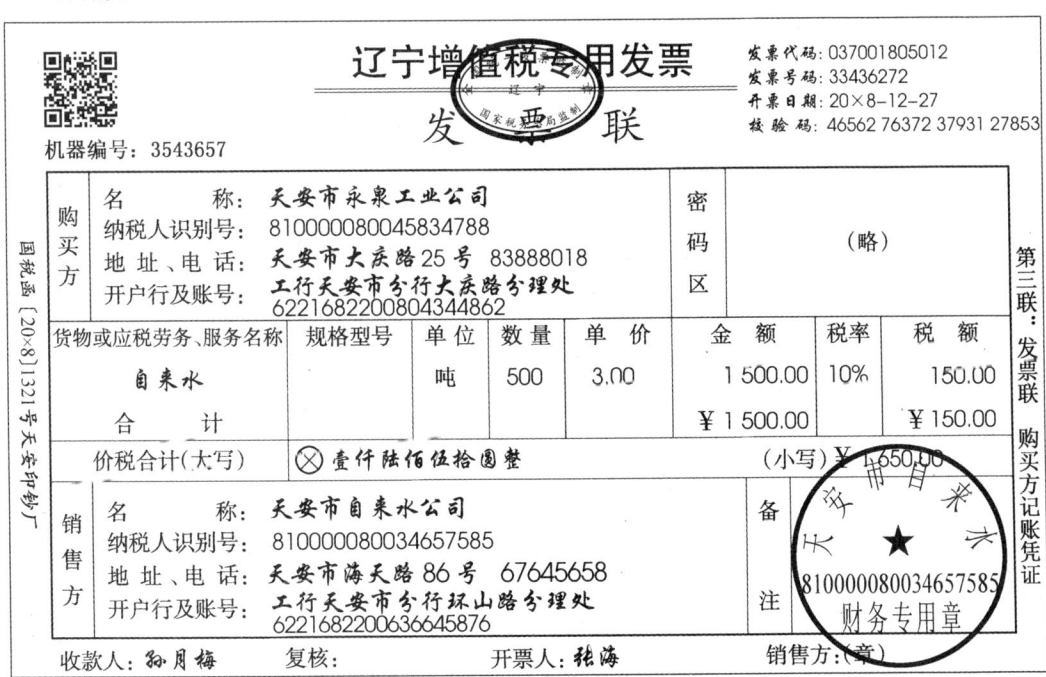

原始凭证 65-4-4

中国工商银行
转账支票存根
XVI 24547664

附加信息：_____

出票日期：20×8 年 12 月 27 日
收 款 人：天安市自来水公司
金　　额：￥1 650.00
用　　途：支付本月水费

单位主管：张辉　　会计：方军

业务 66
原始凭证 66-1-1

材料盘盈盘亏报告单

部门：材料库　　　　20×8 年 12 月 26 日　　　　（财会作销账依据）

编号	品名规格	单位	账面数量	实存数量	盘盈 数量	盘盈 金额	盘亏 数量	盘亏 金额	原因
101	A材料	千克	2 900	2 800			100		水灾

处理意见	保管部门	清查小组	审批部门
	水灾所致，保险公司应予以赔偿	同意保管部门意见	保险公司赔偿损失1 000元，其余转作营业外支出

供应部门负责人：王陆　　保管：王晓　　清点人：李准

第三联·转销联

业务 67

原始凭证 67-4-1

中国工商银行
转账支票存根
XVI 24547665

附加信息：＿＿＿＿＿＿

出票日期：20×8 年 12 月 28 日
收 款 人：天安市供电局
金　　额：￥2 320.00
用　　途：支付本月电费
单位主管：张辉　　会计：方军

原始凭证 67-4-2

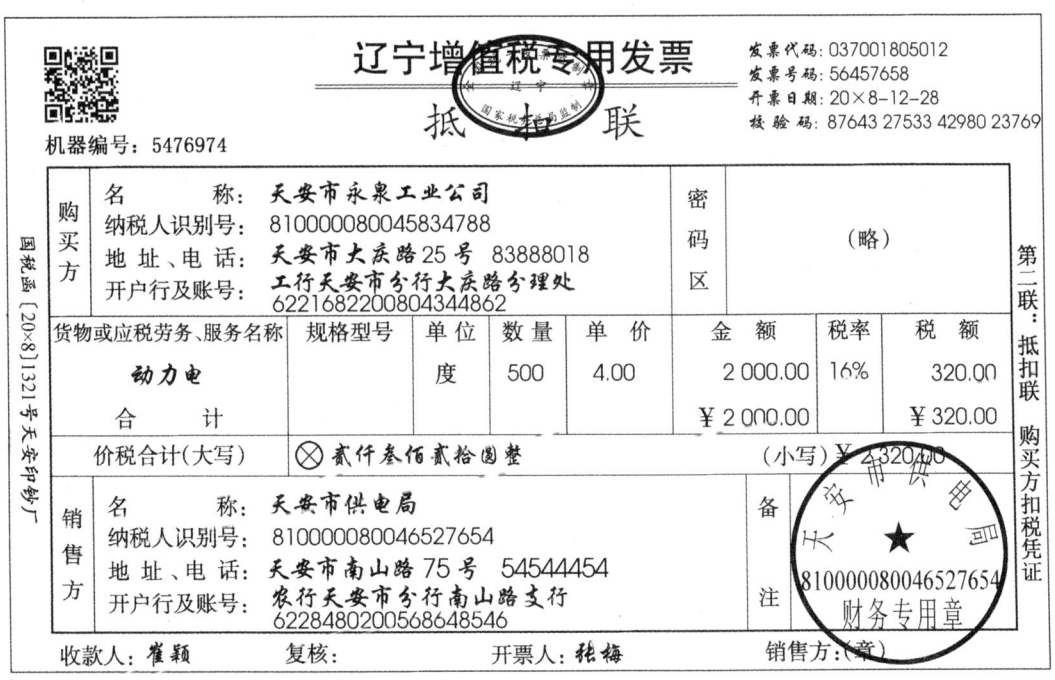

原始凭证 67-4-3

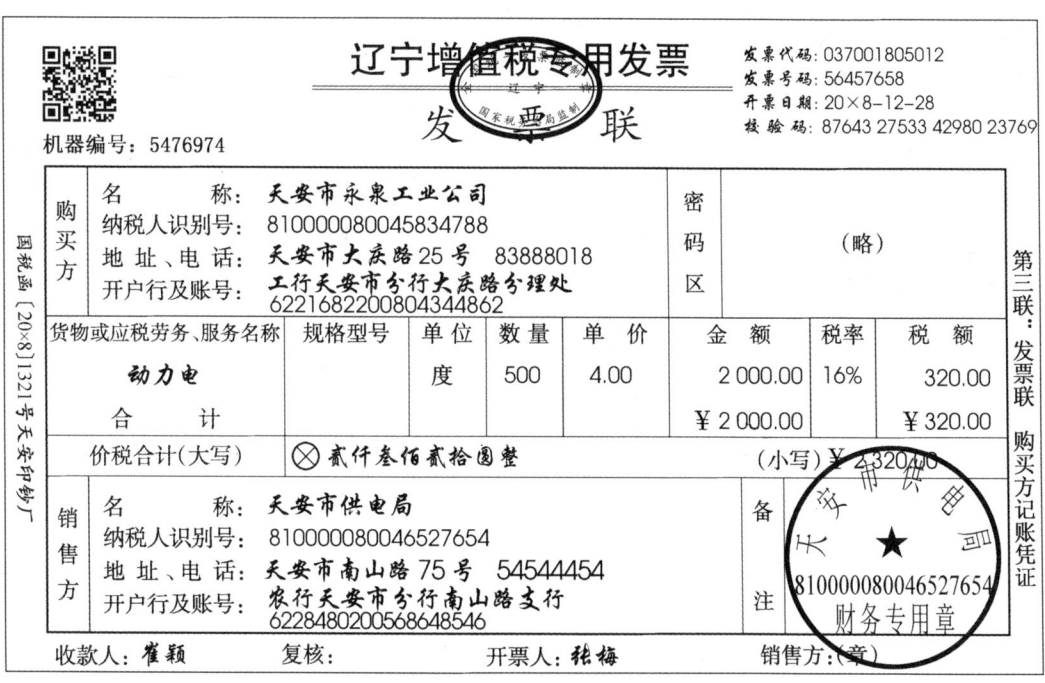

原始凭证 67-4-4

12月份电费使用分配表

20×8年12月29日　　　　单价：0.40元

部　　门	用电量(度)	金　额(元)
生产车间——甲产品	1 750	700
——乙产品	1 650	660
生产车间一般耗用	900	360
行政管理部门	700	280
合　　计	5 000	￥2 000

财务主管：张辉　　　审核：严梅　　　制单：田玉平

业务 68

原始凭证 68-1-1

产成品入库单

缴库部门：生产车间　　　　20×8年12月29日　　　　编号：098203

编号	名称及规格	单件	数量	单价	金额（百十万千百十元角分）	备注
01	甲产品	件	30			
	合计		30			

主管：李勇　记账：刘芬　验收：李强　缴库部门主管：周小建　缴库：王力

第二联：记账联

业务 69

原始凭证 69-3-1

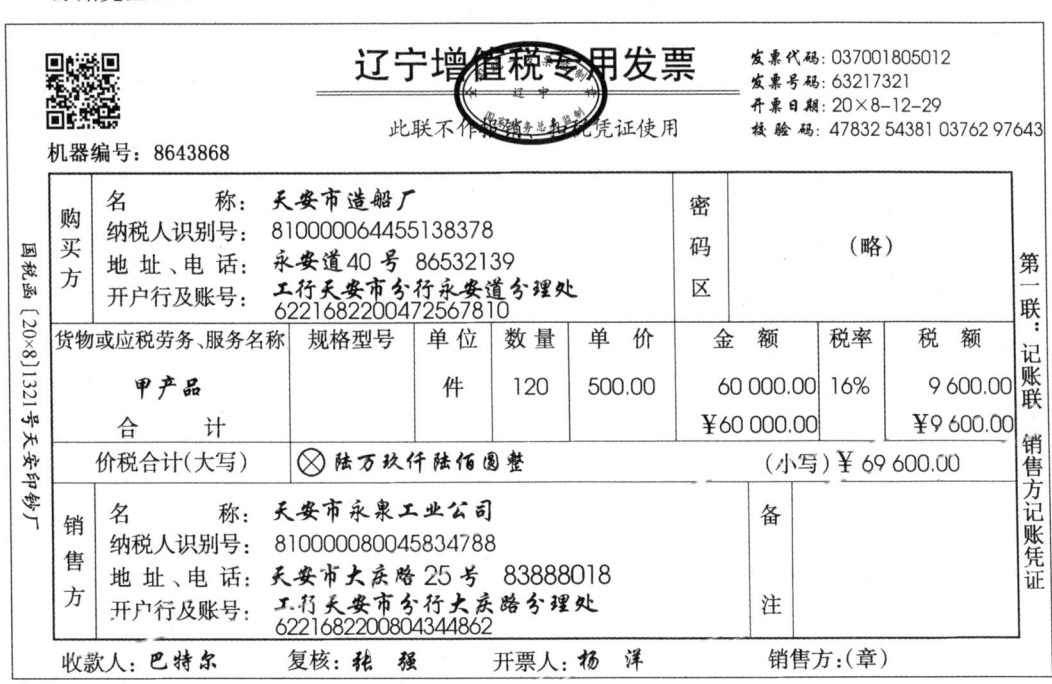

辽宁增值税专用发票

发票代码：037001805012
发票号码：63217321
开票日期：20×8-12-29
校验码：47832 54381 03762 97643

机器编号：8643868

购买方
名　称：天安市造船厂
纳税人识别号：810000064455138378
地址、电话：永安道40号　86532139
开户行及账号：工行天安市分行永安道分理处 6221682200472567810

密码区：（略）

货物或应税劳务、服务名称	规格型号	单位	数量	单价	金额	税率	税额
甲产品		件	120	500.00	60 000.00	16%	9 600.00
合计					¥60 000.00		¥9 600.00

价税合计（大写）：⊗陆万玖仟陆佰圆整　（小写）¥69 600.00

销售方
名　称：天安市永泉工业公司
纳税人识别号：810000080045834788
地址、电话：天安市大庆路25号　83888018
开户行及账号：工行天安市分行大庆路分理处 6221682200804344862

收款人：巴特尔　复核：张强　开票人：杨洋　销售方：（章）

第一联：记账联　销售方记账凭证

原始凭证 69-3-2

中国工商银行进账单（回单）

20×8 年 12 月 29 日

出票人	全称	天安市造船厂	收款人	全称	天安市永泉工业公司
	账号	6221682200472567810		账号	6221682200804344862
	开户银行	工行天安市分行永安道分理处		开户银行	工行天安市分行大庆路分理处

金额	人民币（大写）	陆万玖仟陆佰元整	亿 千 百 十 万 千 百 十 元 角 分
			￥ 6 9 6 0 0 0 0

票据种类 转账支票 票据张数 壹

票据号码

开户银行签章：中国工商银行天安市分行 20×8.12.29 转讫

此联是开户银行交给持票人的回单

复核： 记账：

原始凭证 69-3-3

产品出库单

购货单位：天安市造船厂　　20×8 年 12 月 29 日　　编号：08816

编号	名称及规格	单位	数量	单价	金额	备注
01	甲产品	件	120			
	合计		120			

主管：李勇　　记账：齐芬　　出库：赵祥　　制单：李强

第二联：记账联

业务 70

原始凭证 70-1-1

费用摊销计算表

20×8 年 12 月 29 日

费用项目	待摊总额	本月分摊比例	本月应摊金额
待摊报刊费	2 400.00	1/12	200.00
合　　计	¥2 400.00		¥200.00

财务主管：张辉　　　审核：严梅　　　制单：田庆

业务 71

原始凭证 71-2-1

工资结算汇总表

20×8 年 12 月 30 日　　　　　　　　金额单位：元

部　门	人数(人)	工资				扣款		应付工资合计
		标准工资	加班工资	奖金	津贴	病假	事假	
车间								
其中：甲产品生产工人	15	9 000	1 000	2 200	810	10		13 000
乙产品生产工人	8	4 000	2 000	1 800	300			8 100
车间管理人员	2	1 000	300	400	300			2 000
车队及各个科室	10	1 200	500	600	100			2 400
医务室	1	400	100	50	65		15	600
合　　计	28	15 600	3 900	5 050	1 575	10	15	26 100

财务主管：张辉　　　审核：严梅　　　制单：赵欣

原始凭证71-2-2

工资费用分配表

20×8年12月30日

应借账户	应贷账户：应付职工薪酬——工资			
	车间	厂部	福利部门	合计
生产成本——甲				
生产成本——乙				
制造费用				
管理费用				
应付职工薪酬——职工福利				
合计				

财务主管：张辉　　审核：严梅　　制单：赵欣

业务72

原始凭证72-1-1

应付福利费计提表

20×8年12月30日　　　　　　　单位：元

应借科目	计提基数（工资总额）	提取比例	应提取福利费
生产成本——甲产品		14%	
生产成本——乙产品		14%	
制造费用		14%	
管理费用		14%	
合计		14%	

财务主管：张辉　　审核：严梅　　制单：赵欣

业务 73

原始凭证 73-1-1

固定资产折旧计算表
20×8年12月30日

部门	应计提折旧的固定资产原价	月折旧率	本月折旧额
合计			

财务主管：　　　　　　审核：　　　　　　制单：

业务 74

原始凭证 74-1-1

制造费用分配表
20×8年12月31日

产品名称	生产工人工资	分配率	分配额
甲产品	13 000		
乙产品	8 100		
合计			

财务主管：　　　　　　审核：　　　　　　制单：

业务 75

原始凭证 75-2-1

产品生产成本计算单

产品名称：甲产品　　　20×8年12月31日　　　本月完工产量：全部完工

成本项目	总成本(元)	单位成本(元)
直接材料		
直接人工		
直接其他支出		
制造费用		
合计		

财务主管：　　　　　　审核：　　　　　　制单：

原始凭证 75-2-2

产品生产成本计算单

产品名称：乙产品　　　20×8年12月31日　　　本月完工产量：全未完工

成本项目	总 成 本(元)	单 位 成 本(元)
直接材料		
直接人工		
直接其他支出		
制造费用		
合　计		

财务主管：　　　　　　审核：　　　　　　制单：

业务 76

原始凭证 76-1-1

城市维护建设税计算表

20×8年12月31日　　　　　　　单位：元

计税依据	税　率	税　额

财务主管：　　　　　　复核：　　　　　　制表：

业务 77

原始凭证 77-1-1

产品销售成本计算表

20×8年12月31日　　　　　　　单位：元

产品名称	销售数量	单位成本	总 成 本
甲产品			
乙产品			
合　计			

财务主管：　　　　　　审核：　　　　　　制单：

业务 78

原始凭证 78-2-1

损益类账户余额表
20×8 年 12 月 31 日

账户名称	借方余额	贷方余额

财务主管：　　　　　审核：　　　　　制单：

原始凭证 78-2-2

应纳所得税额计算表
20×8 年 12 月 31 日　　　　单位：元

应纳税所得额	税　率	税　额
	25%	

财务主管：　　　　　复核：　　　　　制表：

业务 79

原始凭证 79-1-1

利润分配计算表
20×8 年 12 月 31 日　　　　单位：元

项　目	计算基数（净利润）	计算比例	金　额
应提取的盈余公积		10%	
应支付的利润		15%	
合　计			

财务主管：　　　　　复核：　　　　　制单：

附　　录

附录1　经济业务的说明与提示

20×8年12月，天安市永泉工业公司发生如下经济业务：

(1) 1日，办公室李红报销从振华文化用品商店为公司购买办公用品500元和增值税80元。

(2) 1日，供应部采购员张晓东去沈阳出差联系业务，预借差旅费，经批准，付给现金6 000元。

(3) 1日，从沈阳海晶工厂购C材料，货款50 000元、增值税进项税额8 000元及对方代垫的运费990元(含税)均通过银行予以承付，材料尚未到达。

(4) 2日，以现金支付公司司机李新的市内停车费60元和增值税6元(提示：停车费应记入"管理费用——公司经费"账户)。

(5) 2日，开出转账支票送交市邮电局报刊部，预付明年上半年报纸、杂志费2 400元。

(6) 2日，财务部门开出现金支票，提取现金5 000元，以备日常零星开支使用。

(7) 3日，从沈阳海晶工厂采购C材料，货款50 000元，运费900元，材料经验收合格入库。

(8) 4日，生产车间生产产品，领用原材料：A材料1 000千克，B材料500千克，C材料200千克(提示：原材料单价按各原材料明细账上所计算出的移动加权平均单价计算)。

(9) 5日，生产车间职工隋晓英因孩子住院做手术，家庭经济负担较重，特申请困难补助，经批准以现金支付700元。

(10) 5日，收到银行转来的收款通知：北京橡胶厂偿还前欠的部分货款8 400元。

(11) 6日，保西市长江工具厂购入甲产品，货已发出，货款为35 000元，增值税销项税额为5 600元，并代垫铁路运费1 300元，对方尚未承付款项。

(12) 7日，用现金支付市商业储运公司购买零星材料市内运费88元。

(13) 7日，以银行存款交纳11月份应交增值税、企业所得税、城市维护建设税，其金额分别为8 600元、16 486元、602元。

(14) 8日，开出汇款委托书，委托开户银行汇往江苏南京工厂，以偿还原欠购货款

12 600 元。

(15) 8 日,采购员张晓东出差归来,经批准报销差旅费,余额 300 元以现金退回。

(16) 8 日,银行转来大连炼钢厂托收承付结算凭证及发票、运单,托收公司所购 A、B 材料的货款为 71 000 元、增值税进项税额为 11 360 元、代垫运费为 907.5 元。材料尚未入库,公司同意承付上述款项。

(17) 9 日,从大连炼钢厂新购 A、B 材料已如数验收入库。

(18) 9 日,生产车间为生产乙产品领用 C 材料 500 千克(提示:原材料成本按移动加权平均法计算)。

(19) 9 日,生产车间领用 C 材料 300 千克,用于车间一般消耗。

(20) 10 日,公司向银行申请取得了半年期的生产周转借款 200 000 元。

(21) 10 日,收到上级主管单位——天安市工业总公司作为投资投入的生产用铣床一台,原值为 50 000 元,已提折旧 10 000 元,评估确认价值为 38 000 元。

(22) 10 日,收到银行收款通知,天津工具厂原欠上月货款 14 000 元,已汇入本公司存款账户。

(23) 10 日,医务室负责人常青报销购买药品费 300 元。

(24) 10 日,甲产品月初在产品已加工完成,并验收入库,共计 75 件(提示:不编记账凭证,根据"产成品入库单"直接登记产成品明细账的"数量"栏)。

(25) 10 日,收到张洪违章操作罚款 200 元。

(26) 11 日,收到银行收账通知,保西市长江工具厂 6 日购甲产品所欠款项 41 900 元,现已汇入本公司账户。

(27) 收到银行收款通知,天津塑料厂汇来订购甲、乙两种产品的货款 58 300 元,现已汇入本公司账户中。

(28) 11 日,以银行存款支付职工田源上月未领工资 410 元。

(29) 12 日,南京佳新工厂购乙产品,货已发出,并以银行存款代垫了运费,以上货款 20 000 元、增值税额 3 200 元及运费 1 000 元已采用托收承付方式委托银行收款。

(30) 12 日,开出转账支票,支付前欠齐鲁工厂货款 8 500 元。

(31) 12 日,经批准,因机器陈旧,精度差,修理费用大而报废生产用 NA-6 磨床一台,原值 48 000 元,已提折旧 44 000 元,支付清理费 1 000 元,估计报废残值 900 元,作废料入库,并结转固定资产清理净损失。

(32) 13 日,开出转账支票,支付前欠天祥工厂货款 2 200 元。

(33) 13 日,发放上月职工工资 26 100 元。

(34) 13 日,通过铁路托运站发出天津塑料厂 11 日预购的甲、乙产品,并支付铁路运费 1 555 元。

(35) 13 日,退回天津塑料厂预购产品余款 485 元。

(36) 14 日，开出转账支票一张，支付天安市电视台广告费 1 590 元。

(37) 14 日，将库存积压的 1 200 千克的 D 材料销售给天安市物资收购站，计征增值税额 2 880 元，以上款项已收妥（收转账支票入账）。结转已售 D 材料的成本（提示：应按 D 材料的库存成本，借记"其他业务成本"账户，贷记"原材料——D 材料"账户）。

(38) 15 日，接受大宇集团公司为本公司加快发展而无偿捐赠一辆福特汽车，原值为 120 000 元，已提折旧 20 000 元。

(39) 15 日，基本生产车生产乙产品，领用 A 材料 200 千克、B 材料 100 千克、C 材料 40 千克。

(40) 16 日，以银行存款 150 元支付购买工商银行现金支票和转账支票的票款。

(41) 16 日，天安市纺织厂以支票结算方式购买乙产品，价款为 20 000 元，增值税额为 3 200 元，已收到转账支票一张，款项全部收妥入账。

(42) 17 日，经确定其他应付款 1 500 元，属于欠国盛运输站款项，由于该站已经撤销，无法支付，经批准，予以转账。

(43) 17 日，从振华工厂购入 A 材料和 B 材料共计价款为 19 000 元，增值税额 3 040 元，对方代垫运费 660 元（含税），材料已验收入库，款项未付。

(44) 18 日，收到银行通知，托收南京佳新工厂购货款、增值税额及运费共计 24 200 元已收妥入账。

(45) 18 日，以前取得的临时借款已到期，本息为 100 200 元，予以偿还。

(46) 19 日，开出转账支票一张，支付市电信局本月电话费 3 300 元（提示：公司负担 60%，车间负担 40%）。

(47) 19 日，开出转账支票，偿还前欠振华工厂的款项 22 700 元。

(48) 19 日，天安市汽车修配厂购乙产品 60 件，收到转账支票一张，金额 27 840 元，填制进账单送存银行。

(49) 20 日，天安市向阳工厂购甲产品 30 件，转账支票 17 400 元已收妥入账。

(50) 20 日，甲产品完工 70 件，已验收合格，入库（提示：不编制记账凭证，根据"产成品入库单"直接登在产成品明细账的"数量"栏内）。

(51) 21 日，收到开户银行付款通知，本季借款利息 3 000 元，已从存款户中划出（提示：10、11 月已预提借款利息）。

(52) 21 日，开出转账支票 2 200 元，支付市装潢公司会议室装修费。

(53) 22 日，接到银行通知，结算户存款利息 350 元已收存入账。

(54) 22 日，供应部职工张彦青搬家，用公司卡车 1 天，公司收到其交来的使用费 300 元。

(55) 22 日，收到上级主管部门天安市工业总公司作为投资的投入资金 150 000 元。

(56) 23 日，销售部销售甲产品，领用包装箱 20 只。

(57) 23 日,公司办公室吴珂报销从天安市商厦购买的办公室计算器,以银行存款支付 348 元。

(58) 24 日,开出转账支票,支付为举办展销会租用迎宾饭店会议室租用费 2 750 元。

(59) 25 日,生产车间为生产乙产品,领用 A、B、C 三种材料,数量分别为 1 000 千克、800 千克、1 500 千克。

(60) 25 日,公司经营部一般消耗,领用 C 材料 50 千克。

(61) 26 日,以银行存款支付海军维修队为生产车间进行的日常维修费 580 元。

(62) 26 日,从市胜利工厂订购 A 材料和 B 材料,货款及增值税进项税额共计 1 972 元,已用银行存款支付,材料自提。

(63) 26 日,在财务清查中发现盘亏 A 材料 100 千克,确认因为水灾所致,已经报上级部门审批。

(64) 27 日,开出转账支票支付公司职工的培训经费 2 120 元。

(65) 27 日,以银行存款支付本月水费 1 650 元。

(66) 28 日,市保险公司已同意赔偿盘亏材料损失 1 000 元,款项尚未收到。根据上级主管部的审批意见,剩余材料损失转作营业外支出。

(67) 28 日,开出转账支票,支付市供电局本月电费 2 320 元。

(68) 29 日,甲产品完工 30 件,已验收合格入库(提示:不编制记账凭证,根据入库单填写产成品明细账)。

(69) 29 日,天安市造船厂购甲产品 120 件,货款 60 000 元与税款 9 600 元以支票结算,已收到转账支票一张,并已送存银行。

(70) 29 日,摊销本月公司应负担的报纸、杂志费 200 元。

(71) 30 日,将本月工资费用 26 100 元按用途进行分配。其中,甲产品生产工人应分配 13 000 元,乙产品生产工人为 8 100 元,管理人员为 2 000 元,车队及各个科室为 2 400 元,医务室为 600 元。

(72) 30 日,计提本月职工福利费(提示:福利人员工资提取的福利费与公司管理人员工资应提取的福利费一同记入"管理费用——工资福利费"账户)。

(73) 30 日,计提本月固定资产折旧(提示:自己编制固定资产折旧计算表)。

(74) 31 日,按产品生产工人工资的比例分配制造费用(提示:自己编制"制造费用分配表")。

(75) 31 日,计算并结转本月完工产品的生产成本(提示:甲产品期初生产 75 件,本月投产 100 件,全部完工,乙产品期初生产 40 件,本月投产 80 件,全部未完工)。

(76) 31 日,计算应交纳的城市维护建设税(提示:城市维护建设税按增值税的 7% 计算,需编制"城市维护建设税计算表")。

(77) 31 日,计算并结转本月产品的销售成本(提示:发出产品的单位成本采用月末一次加权平均法计算)。

(78) 31日,①结转各损益类账户的余额。②按25%的比例计算并结转应交纳的所得税。

(79) 31日,分别按净利润的一定比例计算盈余公积和向投资者分配的利润。

(80) 31日,结转"利润分配"账户和"本年利润"账户(提示:根据利润分配各明细账和"本年利润"账户的余额,借记"本年利润"账户,贷记"利润分配——未分配利润"账户;借记"利润分配——未分配利润"账户,贷记"利润分配——提取法定盈余公积"账户和"利润分配——应付利润"账户)。

附录2 空白凭证样式及填写说明

一、现金支票

1. 现金支票正面

中国银行 现金支票存根	中国银行 现金支票
XIV 00000000	出票日期(大写):　年　月　日　　XIV 00000000
附加信息：_____	付款行名称：
_____	收款人：　　　　　　　　　　出票人账号：
_____	人民币(大写)　　　　　　　　亿千百十万千百十元角分
出票日期　年　月　日	用途：
收款人：	上列款项请从
金　额：	我账户内支付
用　途：	出票人签章　　　　　复核　　　记账
单位主管：　会计：	

（本支票付款期限十天）

2. 现金支票背面

附加信息：	
	收款人签章
	年　月　日
	身份证件名称：　　发证机关：
	号码

（粘贴单处）

现金支票使用须知：
(1) 单位应在开户银行的账户或核准经费户的余额内签发支票，每张支票金额不能低于规定的起点。
(2) 每个账户使用的支票，不得移用于其他账户，预算单位签发的支票，不能跨年使用。
(3) 现金支票一律为记名式，可以提取现金也可转账，但不得流通转让。
(4) 单位签发支票时，应使用碳素墨水和墨汁按票簿排定的页数顺序填写，字体不要潦草，也不要使用红色或易褪色的墨水。除"付款行名称""出票人账号""支票号码""复核""记账"栏由银行使用不必填写外，其他各栏必须填写清楚，并应注意下列各点：

a. "出票日期"应填写实际出票日期，不得补填或预填日期。支票的出票日期必须使用中文大写。为防止编造票据的出票日期，在填写日、月时，月为壹、贰或壹拾的，日为壹拾、贰拾的，应在其前加"零"；日为拾壹至拾玖的，应在其前加壹。例如，1月15日，应写成零壹月拾伍日。又如，10月20日，应写成零拾月贰拾日。对"收款单位（或收款人）"名称栏必须填写清楚，如系本单位自行提取现金可填为"本单位"；对"用途或预算科目或现金出纳计划项目"栏除预算单位应填写预算科目外，国有企业可填写现金出纳计划项目；非预算单位只填明用途。

b. 对大、小写金额必须填写齐全，如有错误不得更改，应另行签发；其他各栏填错，可在改正处加盖预留印鉴之一，予以证明。另外，在小写金额前应加填金额符号"￥"。

(5) "签发单位名称"栏，应填写清楚；签发单位签章处应按预留印鉴分别签章，缺漏签章或签章不符时，银行不予受理。
(6) 作废的支票，不得撕去，应由签发单位自行注销，与存根折在一起注意保管，在结清销户时，连同未用空白支票一并缴还银行。
(7) 存根联下端的"收款人签章"及"年、月、日"栏，由收款人填写或签章。
(8) 收款单位或收款人持现金支票向银行取款时，所持支票应背书。

二、转账支票

1. 转账支票正面

2. 转账支票背面

附加信息：	被背书人
	背书人签章 年　月　日

（粘贴单处）

转账支票使用须知：

（1）单位应在开户银行的账户或核准经费户的余额内签发支票，每张支票金额，不能低于规定的起点。

（2）每个账户使用的支票，不得移用于其他账户，预算单位签发的支票，不能跨年使用。

（3）转账支票一律为记名式，只能转账，不能提取现金，亦不得流通转让。

（4）单位签发支票时，应使用碳素墨水和墨汁按票簿排定的页数顺序填写，字体不要潦草，也不要使用红色或易褪色的墨水。除"付款行名称""出票人账号""发票号码""复核""记账"栏由银行使用不必填写外，其他各栏必须填写清楚，并应注意下列各点：

a."出票日期"应填写实际出票日期，不得补填或预填日期。支票的出票日期必须使用中文大写。为防止编造票据的出票日起，在填写日、月时，月为壹、贰或壹拾的，日为壹拾、贰拾的，应在其前加"零"；日为拾壹至拾玖的，应在其前加壹。例如，1月15日，应写成零壹月拾伍日。又如，10月20日，应写成零拾月贰拾日。对"收款单位（或收款人）"名称栏必须填写清楚，如系本单位自行提取转账可填为"本单位"；对"用途或预算科目或转账出纳计划项目"栏除预算单位应填写预算科目外，国有企业可填写现金出纳计划项目；非预算单位只填明用途。

b. 对大、小写金额必须填写齐全，如有错误不得更改，应另行签发；其他各栏填错，可在改正处加盖预留印鉴之一，予以证明。另外，在小写金额前应加填金额符号"￥"。

（5）"签发单位名称"栏，应填写清楚；签发单位签章处应按预留印鉴分别签章，缺漏签章或签章不符时银行不予受理。

（6）作废的支票，不得撕去，应由签发单位自行注销，与存根折在一起注意保管，在结清销户时，连同未用空白支票一并缴还银行。

三、报销单

报 销 单				
年　月　日				No.94001
报销金额	（大写）			
开支内容				
部门盖章		负责人	经办人	实物保管、验收人
说明	现款支付	上列支出项目经审核同意报销。 　财务负责人： 　会计科目： 　　借： 　　贷：		
会计：			出纳：	

附件　张

报销单说明：

（1）经办人将开支费用取得的发票（或收款收据），随同开支费用取得的实物或劳务，交有关人员验收或检验并签字盖章，以资证明开支的真实性。

（2）经办人根据发票内容填制报销单，向财会部门报账。

四、借款单

借　款　单		
资金性质：	年　月　日	
借款单位：		
借款理由：		
借款数额：人民币（大写）		
本单位负责人意见：		借款人（签章）
机关领导批示：	会计主管人员核批：	付款记录：

借款单传递流程图如下：

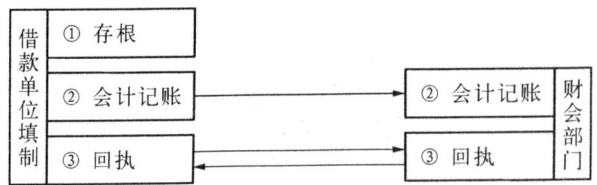

（1）借款人经借款单位（或有关部门）领导人批准填写借款单，并送交财会部门办理借款手续。

（2）财会部门对借款单审核无误后准予借款，支付现金，或开现金支票由借款人去银行提取现金；将借款回执退回借款人。

五、收据

单位：	收　据　年　月　日										No.12345
	事　由	金　额									
		百	十	万	千	百	十	元	角	分	
合计（大写）人民币										经手人：	

注：收据数字如有涂改或未盖收款章无效。

六、增值税专用发票

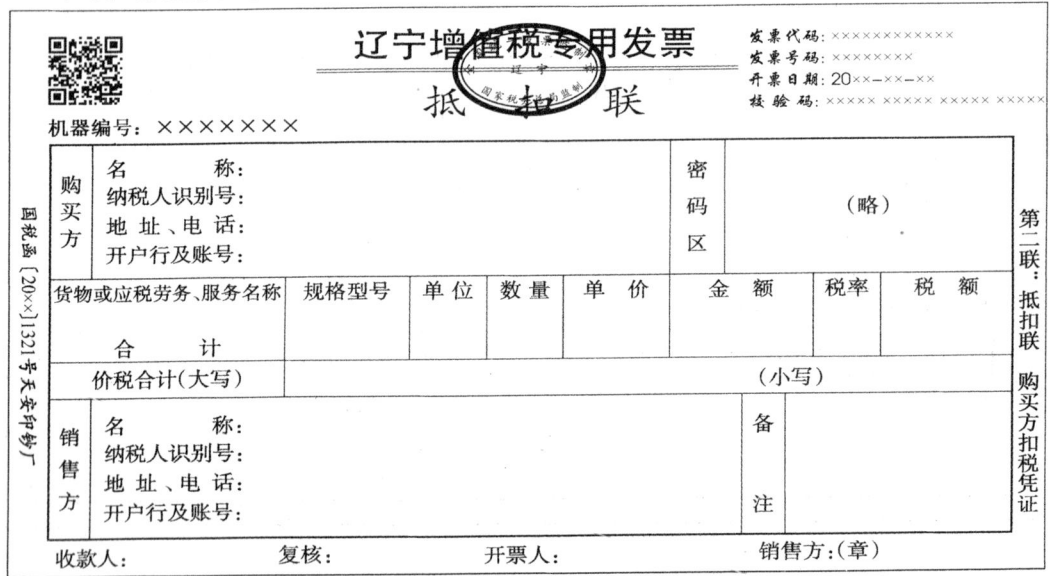

增值税专用发票一式三联:第一联为记账联;第二联为抵扣联;第三联为发票联。

增值税专用发票填写须知:

(1) 按顺序号码使用,填写时要字迹清楚,不得省略,不得涂改、挖补。作废的发票要加盖(或注明)"作废"字样。

(2) 开票日期按公历用阿拉伯数字填写;单位名称填写全称,地址不省略;纳税人登记号按全国统一的税务登记证件代码(18位数)填写。开户银行账号按购货单位支票注明账号填写,以现金购货先询问开户银行及账号后再行填写。

(3) "货物或应税劳务名称"栏可填写货物规格、型号、劳务种类等,不同货物或应税劳务名称应分别填写。

(4) "金额"栏应填写不含税的销售额。在票面上反映的是数量乘单价所得的积。"金额"合计栏应填写本份发票所填开的不含税销售额之和,计量单位、数量、单价的合计栏不填写。

(5) "税率"栏应填写依税收法规所确定的税率,税率合计栏不用填写,"税额"栏应填写金额乘税率所得的积,税额合计栏应填写本份发票税额合计数。

(6) "价税合计"栏填写金额合计加税额合计之和,并用汉字大写数字填写,¥码后用阿拉伯数字填写价税合计数。

(7) "销货单位"的"名称""地址电话""纳税人登记号""开户银行及账号"等可以事先填写,也可以按票面规格刻制出图章事先加盖。上述项目一经发生变化应立即变更。

(8) "收款人"栏由收款人(开票人)签字或盖章,姓名不得省略。开票单位栏应加盖在税务机关的发票发售部门预留印鉴的"发票专用章"或"财务专用章"。

(9) 每本发票使用完毕,应将全本发票的金额和税额合计数填写在发票封皮的右上角以备查核。

七、托收凭证

托收凭证说明：

托收凭证一式五联。第一联:受理回单;第二联:贷方凭证;第三联:借方凭证;第四联:汇款依据或收账通知;第五联:付款通知。

八、领料单

						数量		金额	
编号	类别	名称	规格	单位		请领	实发	单价	总额
合　计									

领用部门：　　制　号：　　年　月　日　　编号：

用途：

发料人：　　记账：　　领料部门负责人：　　领料人：

第二联：记账联

领料单传递流程图如下：

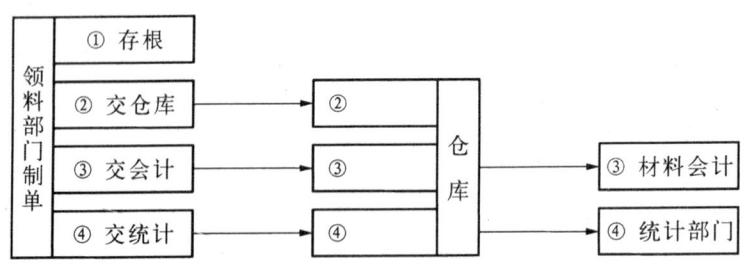

领料单传递程序说明：

　　领料部门按规定填写领料单（请领数量）送交仓库；仓库对领料单审核后发料（实发数量），并将领料单的第三、第四联分别送交财会部门和统计部门；财会部门根据领料单进行价值核算。领料单有一单一料、一单多料和限额领料单多种格式。

九、入库单

				入　库　单			收第　　号	
供应单位：				年　月　日			材料来源	
发票号：								

材料类别	材料名称	规格性质	计量单位	数量	实收数量	单价	金　　额
							十 万 千 百 十 元 角 分
检验结果	检验员签章：			运费			
				合　计			
备注：							
仓库主管：	材料会计：		收料员：		经办人：		制单：	

第三联：记账联

产成品入库单说明：

　　本单一式四联。第一联：存根，由缴库车间留存作车间核算的依据；第二联：交财会部门记账，由财会部门作产成品增加账务处理的凭证；第三联：交保管部门记账，产成品库作仓库明细账的记账凭证；第四联：交销售部门记账，由销售部门作业务库存明细账的依据。

十、增值税税收缴款书

中华人民共和国增值税税收缴款书

收入机关：　　　　填发日期：　年　月　日　　　　　字第　号

缴款单位(人)	代码		预算科目	款项	
	全称			级次	
	开户银行				
	账号		收款国库		

税款所属时期	年 月 日			税款限缴日期	年 月 日	

品目名称	课税数量	计税金额或销售收入	税率或单位税额	已缴或扣除额	实缴税额（千 百 十 万 千 百 十 元 角 分）
(小写)合计					

金额合计	人民币(大写)　仟　佰　拾　万　仟　佰　拾　元　角　分

缴款单位(人)（盖章）	税务机关（盖章）	上列款项已收妥并划转收款单位账户	备
经办人(章)	填票人(章)	国库(银行)盖章　年　月　日	注

逾期不缴按税法规定加收滞纳金　　无银行收讫章无效　　隶属关系　　经济性质

第一联：（收据）国库收款盖章后退缴款单位作完税凭证

增值税税收缴款书说明：

缴款书一式三联。第一联:国库收款盖章后退缴款单位作完税凭证;第二联:存根;第三联:上解国库入库联。

十一、托收凭证

托收凭证（付款通知）

委托日期　年　月　日			付款期限　年　月　日											
业务类型		委托收款(□邮划、□电划)　托收承付(□邮划、□电划)												
收款人	全称			付款人	全称									
	账号				账号									
	地址	省　市/县　开户行			地址	省　市　开户行								
金额	人民币（大写）					亿	千	百	十	万	千	百	十	元　角　分
款项内容			托收凭据名称			附寄单证张数								
商品发运情况			合同名称号码											
备注：			付款人开户银行签章 　　年　月　日			付款人注意： 1. 根据支付结算办法，上列委托收款(托收承付)款项在付款期限内未提出拒付，即视为同意付款，以此代付款通知。 2. 提出全部或者部分拒付，应在规定期限内，将拒付理由书并附债务证明退交开户银行。								
付款人开户银行收到日期 　　年　月　日 　复核　　　记账														

此联作付款人开户银行给付款人的按期付款通知

托收凭证说明：

托收凭证一式五联。第一联：受理回单；第二联：贷方凭证；第三联：借方凭证；第四联：汇款依据或收账通知；第五联：付款通知。

十二、固定资产调拨单

固定资产调拨单填写说明：

（1）这种凭证是对固定资产进行有偿调拨或无偿调拨时填制的原始凭证，调入单位视为外来原始凭证。

（2）凭证由调出单位填写，一式四联，分别由调出单位、调入单位设备管理部门及财会部门留存。这些单位在凭证上签章。调入单位作为增加固定资产的记账依据和支付款项的依据。调出单位在填写凭证时要依据固定资产的账面原值和已提折旧额填写。

固定资产调拨单

调出单位：
调入单位：　　　　　　　　年　月　日

调拨原因及依据						评估确认价值			
固定资产名称	规格及型号	单位	数量	预计使用年数	已使用年数	原值	已提折旧	净值	
调出单位 签章： 财务： 经办：	（盖章）				调入单位 签章： 财务： 经办：	（盖章）			

第三联：记账联

十三、中国工商银行借款凭证

中国工商银行借款凭证

银行编号：　　　　　　　　　年　月　日

贷款单位		贷款申请书编号						贷款账号			存款账号	
贷款金额		十	万	千	百	十	元	角	分	还款日期		
银行核定金额	人民币（大写）	银行核定还款日期										
		银行实际放出日期										

兹向你行贷到上列贷款，到期时请凭此借据从本单位存款账户内收回。
此致
中国工商银行　　分行　　办事处
贷款单位（章）(盖预留印鉴)　　负责人（章）

上项贷款已按银行核定金额发放，并收入你单位银行存款账户。
此致
　　　　　　　　　　　　　银行签章
　　　　　　　　　　　　　年　月　日

记录	日期	还款金额	未还金额	记账员	复核员	日期	还款金额	未还金额	记账员	复核员

银行盖章后作付款人的收款通知

中国工商银行借款凭证填写说明:
(1) 这种凭证是贷款单位向银行申请贷款时填制的原始凭证,属外来原始凭证。
(2) 凭证由贷款单位财会部门填写,为复写凭证,一式四联,第一联:借据;第二联:付款传票;第三联:收入传票;第四联:通知。
(3) 凭证的传递程序是:贷款单位财会部门将填妥的凭证,在第一联(借据)上加盖公章后,连同其他各联和贷款申请书送开户银行,银行审理批准贷款,在第四联(通知)上盖章后返还给企业,企业作为记账的原始凭证。第一、第二、第三联留存银行,分别作为将款记入企业存款账户以及银行付款记账的原始凭证。

十四、中国工商银行进账单

中国工商银行进账单(回单)													
年 月 日													
出票人	全称			收款人	全称								
	账号				账号								
	开户银行				开户银行								
金额	人民币(大写)	万 仟 佰 拾 元 角 分			亿	千	百	十	万	千	百	十	元 角 分
票据种类	转账支票	票据张数											
票据号码													
复核 记账				开户银行签章									

此联是开户银行交给持票人的回单

中国工商银行进账单说明:
工商银行进账单一式三联。第一联:开户银行交给持票人的回单;第二联:收款人开户银行作贷方凭证;第三联:收款人开户银行交给收款人的收到通知。

十五、盘盈盘亏报告单

盘盈盘亏报告单说明:
盘盈盘亏报告单一式四联。第一联:存根,开单后存入仓库,作为记仓库明细账依据;第二联:会计,由财务部门作批准前账务处理;第三联:会计,经审批后退财务部门作销账处理;第四联:统计,交供应部门作统计依据。

盘盈盘亏报告单

部门：　　　　　　　　　年　月　日　　　　　　　（财会作销账依据）

编号	品名规格	单位	账面数量	实存数量	盘盈		盘亏		原因
					数量	金额	数量	金额	

处理意见	保管部门	清查小组	审批部门	
	保险公司应予以赔偿	同意保管部门意见	保险公司赔偿损失　　其余转作	元；

供应部门负责人：　　　　　　　保管：　　　　　　　清点人：

附录3 会计基础工作规范

(1996年6月17日财政部财会字19号发布)

第一章 总 则

第一条 为了加强会计基础工作,建立规范的会计工作秩序,提高会计工作水平,根据《中华人民共和国会计法》的有关规定,制定本规范。

第二条 国家机关、社会团体、企业、事业单位、个体工商户和其他组织的会计基础工作,应当符合本规范的规定。

第三条 各单位应当依据有关法律、法规和本规范的规定,加强会计基础工作,严格执行会计法规制度,保证会计工作依法有序地进行。

第四条 单位领导人对本单位的会计基础工作负有领导责任。

第五条 各省、自治区、直辖市财政厅(局)要加强对会计基础工作的管理和指导,通过政策引导、经验交流、监督检查等措施,促进基层单位加强会计基础工作,不断提高会计工作水平。国务院各业务主管部门根据职责权限管理本部门的会计基础工作。

第二章 会计机构和会计人员

第一节 会计机构设置和会计人员配备

第六条 各单位应当根据会计业务的需要设置会计机构;不具备单独设置会计机构条件的,应当在有关机构中配备人员。事业行政单位会计机构的设置和会计人员的配备,应当符合国家统一事业行政单位会计制度的规定。设置会计机构,应当配备会计机构负责人;在有关机构中配备专职会计人员,应当在专职会计人员中指定会计主管人员。会计机构负责人、会计主管人员的任免,应当符合《中华人民共和国会计法》和有关法律的规定。

第七条 会计机构负责人、会计主管人员应当具备下列基本条件:
(一)坚持原则,廉洁奉公;
(二)具有会计专业技术资格;
(三)主管一个单位或者单位内一个重要方面的财务会计工作时间不少于2年;
(四)熟悉国家财经法律、法规、规章和方针、政策,掌握本行业业务管理的有关知识;
(五)有较强的组织能力;
(六)身体状况能够适应本职工作的要求。

第八条 没有设置会计机构和配备会计人员的单位,应当根据《代理记账管理暂行办法》委托会计师事务所或者持有代理记账许可证书的其他代理记账机构进行代理记账。

第九条 大、中型企业、事业单位、业务主管部门应当根据法律和国家有关规定设置总会计师。总会计师由具有会计师以上专业技术资格的人员担任。总会计师行使《总会计师条例》规定的职责、权限。总会计师的任命(聘任)、免职(解聘)依照《总会计师条例》和有关法律的规定办理。

第十条 各单位应当根据会计业务需要配备持有会计证的会计人员。未取得会计证的人员，不得从事会计工作。

第十一条 各单位应当根据会计业务需要设置会计工作岗位。会计工作岗位一般可分为：会计机构负责人或者会计主管人员，出纳，财产物资核算，工资核算，成本费用核算；开展会计电算化和管理会计的单位，可以根据需要设置相应工作岗位，也可以与其他工作岗位相结合。

第十二条 会计工作岗位，可以一人一岗、一人多岗或者一岗多人。但出纳人员不得兼管稽核、会计档案保管和收入、费用、债权债务账目的登记工作。

第十三条 会计人员的工作岗位应当有计划地进行轮换。

第十四条 会计人员应当具备必要的专业知识和专业技能，熟悉国家有关法律、法规、规章和国家统一会计制度，遵守职业道德。会计人员应当按照国家有关规定参加会计业务的培训。各单位应当合理安排会计人员的培训，保证会计人员每年有一定时间用于学习和参加培训。

第十五条 各单位领导人应当支持会计机构、会计人员依法行使职权；对忠于职守，坚持原则，作出显著成绩的会计机构、会计人员，应当给予精神的和物质的奖励。

第十六条 国家机关、国有企业、事业单位任用会计人员应当实行回避制度。单位领导人的直系亲属不得担任本单位的会计机构负责人、会计主管人员。会计机构负责人，会计主管人员的直系亲属不得在本单位会计机构中担任出纳工作。需要回避的直系亲属为：夫妻关系、直系血亲关系、三代以内旁系血亲以及配偶亲关系。

第二节 会计人员职业道德

第十七条 会计人员在会计工作中应当遵守职业道德，树立良好的职业品质、严谨的工作作风，严守工作纪律，努力提高工作效率和工作质量。

第十八条 会计人员应当热爱本职工作，努力钻研业务，使自己的知识和技能适应所从事工作的要求。

第十九条 会计人员应当熟悉财经法律、法规、规章和国家统一会计制度，并结合会计工作进行广泛宣传。

第二十条 会计人员应当按照会计法律、法规和国家统一会计制度规定的程序和要求进行会计工作，保证所提供的会计信息合法、真实、准确、及时、完整。

第二十一条 会计人员办理会计事务应当实事求是、客观公正。

第二十二条 会计人员应当熟悉本单位的生产经营和业务管理情况，运用掌握的会计信息和会计方法，为改善单位内部管理、提高经济效益服务。

第二十三条 会计人员应当保守本单位的商业秘密。除法律规定和单位领导人同意外，不能私自向外界提供或者泄露单位的会计信息。

第二十四条 财政部门、业务主管部门和各单位应当定期检查会计人员遵守职业道德的情况,并作为会计人员晋升、晋级、聘任专业职务、表彰奖励的重要考核依据。会计人员违反职业道德的,由所在单位进行处罚;情节严重的,由会计证发证机关吊销其会计证。

第三节 会计工作交接

第二十五条 会计人员工作调动或者因故离职,必须将本人所经管的会计工作全部移交给接替人员。没有办清交接手续的,不得调动或者离职。

第二十六条 接替人员应当认真接管移交工作,并继续办理移交的未了事项。

第二十七条 会计人员办理移交手续前,必须及时做好以下工作:

(一)已经受理的经济业务尚未填制会计凭证的,应当填制完毕。

(二)尚未登记的账目,应当登记完毕,并在最后一笔余额后加盖经办人员印章。

(三)整理应该移交的各项资料,对未了事项写出书面材料。

(四)编制移交清册,列明应当移交的会计凭证、会计账簿、会计报表、印章、现金、有价证券、支票簿、发票、文件、其他会计资料和物品等内容;实行会计电算化的单位,从事该项工作的移交人员还应当在移交清册中列明会计软件及密码、会计软件数据磁盘(磁带等)及有关资料、实物等内容。

第二十八条 会计人员办理交接手续,必须有监交人负责监交。一般会计人员交接,由单位会计机构负责人、会计主管人员负责监交;会计机构负责人、会计主管人员交接,由单位领导人负责监交,必要时可由上级主管部门派人会同监交。

第二十九条 移交人员在办理移交时,要按移交清册逐项移交;接替人员要逐项核对点收。

(一)现金、有价证券要根据会计账簿有关记录进行点交。库存现金、有价证券必须与会计账簿记录保持一致。不一致时,移交人员必须限期查清。

(二)会计凭证、会计账簿、会计报表和其他会计资料必须完整无缺。如有短缺,必须查清原因,并在移交清册中注明,由移交人员负责。

(三)银行存款账户余额要与银行对账单核对,如不一致,应当编制银行存款余额调节表调节相符,各种财产物资和债权债务的明细账户余额要与总账有关账户余额核对相符;必要时,要抽查个别账户的余额,与实物核对相符,或者与往来单位、个人核对清楚。

(四)移交人员经管的票据、印章和其他实物等,必须交接清楚;移交人员从事会计电算化工作的,要对有关电子数据在实际操作状态下进行交接。

第三十条 会计机构负责人、会计主管人员移交时,还必须将全部财务会计工作、重大财务收支和会计人员的情况等,向接替人员详细介绍。对需要移交的遗留问题,应当写出书面材料。

第三十一条 交接完毕后,交接双方和监交人员要在移交清册上签名或者盖章,并应在移交清册上注明:单位名称,交接日期,交接双方和监交人员的职务、姓名,移交清册页数以及需要说明的问题和意见等。移交清册一般应当填制一式三份,交接双方各执一份,存档一份。

第三十二条 接替人员应当继续使用移交的会计账簿,不得自行另立新账,以保持会计记录的连续性。

第三十三条 会计人员临时离职或者因病不能工作且需要接替或者代理的,会计机构负责人、会计主管人员或者单位领导人必须指定有关人员接替或者代理,并办理交接手续。临时离职或者因病不能工作的会计人员恢复工作的,应当与接替或者代理人员办理交接手续。移交人员因病或者其他特殊原因不能亲自办理移交的,经单位领导人批准,可由移交人员委托他人代办移交,但委托人应当承担本规范第三十五条规定的责任。

第三十四条 单位撤销时,必须留有必要的会计人员,会同有关人员办理清理工作,编制决算。未移交前,不得离职。接收单位和移交日期由主管部门确定。单位合并、分立的,其会计工作交接手续比照上述有关规定办理。

第三十五条 移交人员对所移交的会计凭证、会计账簿、会计报表和其他有关资料的合法性、真实性承担法律责任。

第三章 会 计 核 算

第一节 会计核算一般要求

第三十六条 各单位应当按照《中华人民共和国会计法》和国家统一会计制度的规定建立会计账册,进行会计核算,及时提供合法、真实、准确、完整的会计信息。

第三十七条 各单位发生的下列事项,应当及时办理会计手续、进行会计核算:

(一)款项和有价证券的收付;
(二)财物的收发、增减和使用;
(三)债权债务的发生和结算;
(四)资本、基金的增减;
(五)收入、支出、费用、成本的计算;
(六)财务成果的计算和处理;
(七)其他需要办理会计手续、进行会计核算的事项。

第三十八条 各单位的会计核算应当以实际发生的经济业务为依据,按照规定的会计处理方法进行,保证会计指标的口径一致、相互可比和会计处理方法的前后各期相一致。

第三十九条 会计年度自公历1月1日起至12月31日止。

第四十条 会计核算以人民币为记账本位币。收支业务以外国货币为主的单位,也可以选定某种外国货币作为记账本位币,但是编制的会计报表应当折算为人民币反映。境外单位向国内有关部门编报的会计报表,应当折算为人民币反映。

第四十一条 各单位根据国家统一会计制度的要求,在不影响会计核算要求、会计报表指标汇总和对外统一会计报表的前提下,可以根据实际情况自行设置和使用会计科目。事业行政单位会计科目的设置和使用,应当符合国家统一事业行政单位会计制度的规定。

第四十二条 会计凭证、会计账簿、会计报表和其他会计资料的内容和要求必须符合国家统一会计制度的规定,不得伪造、变造会计凭证和会计账簿,不得设置账外账,不得报送虚假会计报表。

第四十三条 各单位对外报送的会计报表格式由财政部统一规定。

第四十四条 实行会计电算化的单位,对使用的会计软件及其生成的会计凭证、会计账簿、会计报表和其他会计资料的要求,应当符合财政部关于会计电算化的有关规定。

第四十五条 各单位的会计凭证、会计账簿、会计报表和其他会计资料,应当建立档案,妥善保管。会计档案建档要求、保管期限、销毁办法等依照《会计档案管理办法》的规定进行。实行会计电算化的单位,有关电子数据、会计软件资料等应当作为会计档案进行管理。

第四十六条 会计记录的文字应当使用中文,少数民族自治地区可以同时使用少数民族文字。中国境内的外商投资企业、外国企业和其他外国经济组织也可以同时使用某种外国文字。

第二节 填制会计凭证

第四十七条 各单位办理本规范第三十七条规定的事项,必须取得或者填制原始凭证,并及时送交会计机构。

第四十八条 原始凭证的基本要求是:

(一)原始凭证的内容必须具备:凭证的名称;填制凭证的日期;填制凭证单位名称或者填制人姓名;经办人员的签名或者盖章;接受凭证单位名称;经济业务内容;数量、单价和金额。

(二)从外单位取得的原始凭证,必须盖有填制单位的公章;从个人取得的原始凭证,必须有填制人员的签名或者盖章。自制原始凭证必须有经办单位领导人或者其指定的人员签名或者盖章。对外开出的原始凭证,必须加盖本单位公章。

(三)凡填有大写和小写金额的原始凭证,大写与小写金额必须相符。购买实物的原始凭证,必须有验收证明。支付款项的原始凭证,必须有收款单位和收款人的收款证明。

(四)一式几联的原始凭证,应当注明各联的用途,只能以一联作为报销凭证。一式几联的发票和收据,必须用双面复写纸(发票和收据本身具备复写纸功能的除外)套写,并连续编号。作废时应当加盖"作废"戳记,连同存根一起保存,不得撕毁。

(五)发生销货退回的,除填制退货发票外,还必须有退货验收证明;退款时,必须取得对方的收款收据或者汇款银行的凭证,不得以退货发票代替收据。

(六)职工公出借款凭据,必须附在记账凭证之后。收回借款时,应当另开收据或者退还借据副本,不得退还原借款收据。

(七)经上级有关部门批准的经济业务,应当将批准文件作为原始凭证附件;如果批准文件需要单独归档的,应当在凭证上注明批准机关名称、日期和文件字号。

第四十九条 原始凭证不得涂改、挖补。发现原始凭证有错误的,应当由开出单位重开或者更正,更正处应当加盖开出单位的公章。

第五十条 会计机构、会计人员要根据审核无误的原始凭证填制记账凭证。记账凭证可以分为收款凭证、付款凭证和转账凭证,也可以使用通用记账凭证。

第五十一条 记账凭证的基本要求是:

(一)记账凭证的内容必须具备:填制凭证的日期;凭证编号;经济业务摘要;会计科目;金额;所附原始凭证张数;填制凭证人员、稽核人员、记账人员、会计机构负责人、会计主管人员签名或者盖章。收款和付款记账凭证还应当由出纳人员签名或者盖章。以自制的原始凭证或者原始凭证汇总表代替记账凭证的,也必须具备记账凭证应有的项目。

(二)填制记账凭证时,应当对记账凭证进行连续编号。一笔经济业务需要填制两张以上记账凭证的,可以采用分数编号法编号。

（三）记账凭证可以根据每一张原始凭证填制,或者根据若干张同类原始凭证汇总填制,也可以根据原始凭证汇总表填制。但不得将不同内容和类别的原始凭证汇总填制在一张记账凭证上。

（四）除结账和更正错误的记账凭证可以不附原始凭证外,其他记账凭证必须附有原始凭证。如果一张原始凭证涉及几张记账凭证,可以把原始凭证附在一张主要的记账凭证后面,并在其他记账凭证上注明附有该原始凭证的记账凭证的编号或者附原始凭证复印件。一张原始凭证所列支出需要几个单位共同负担的,应当将其他单位负担的部分,开给对方原始凭证分割单,进行结算。原始凭证分割单必须具备原始凭证的基本内容:凭证名称、填制凭证日期、填制凭证单位名称或者填制人姓名、经办人的签名或者盖章、接受凭证单位名称、经济业务内容、数量、单价、金额和费用分摊情况等。

（五）如果在填制记账凭证时发生错误,应当重新填制。已经登记入账的记账凭证,在当年内发现填写错误时,可以用红字填写一张与原内容相同的记账凭证,在摘要栏注明"注销某月某日某号凭证"字样,同时再用蓝字重新填制一张正确的记账凭证,注明"订正某月某日某号凭证"字样。如果会计科目没有错误,只是金额错误,也可以将正确数字与错误数字之间的差额,另编一张调整的记账凭证,调增金额用蓝字,调减金额用红字。发现以前年度记账凭证有错误的,应当用蓝字填制一张更正的记账凭证。

（六）记账凭证填制完经济业务事项后,如有空行,应当自金额栏最后一笔金额数字下的空行处至合计数上的空行处划线注销。

第五十二条　填制会计凭证,字迹必须清晰、工整,并符合下列要求:

（一）阿拉伯数字应当一个一个地写,不得连笔写。阿拉伯金额数字前面应当书写货币币种符号或者货币名称简写和币种符号。币种符号与阿拉伯金额数字之间不得留有空白。凡阿拉伯数字前写有币种符号的,数字后面不再写货币单位。

（二）所有以元为单位（其他货币种类为货币基本单位,下同）的阿拉伯数字,除表示单价等情况外,一律填写到角分;有元角分的,角位和分位可写"00",或者符号"—";有角无分的,分位应当写"0",不得用符号"—"代替。

（三）汉字大写数字金额如零、壹、贰、叁、肆、伍、陆、柒、捌、玖、拾、佰、仟、万、亿等,一律用正楷或者行书体书写,不得用〇、一、二、三、四、五、六、七、八、九、十等简化字代替,不得任意自造简化字。大写金额数字到元或者角为止的,在"元"或者"角"字之后应当写"整"字或者"正"字;大写金额数字有分的,分字后面不写"整"或者"正"字。

（四）大写金额数字前未印有货币名称的,应当加填货币名称,货币名称与金额数字之间不得留有空白。

（五）阿拉伯金额数字中间有"0"时,汉字大写金额要写"零"字;阿拉伯数字金额中间连续有几个"0"时,汉字大写金额中可以只写一个"零"字;阿拉伯金额数字元位是"0",或者数字中间连续有几个"0"、元位也是"0"但角位不是"0"时,汉字大写金额可以只写一个"零"字,也可以不写"零"字。

第五十三条　实行会计电算化的单位,对于机制记账凭证,要认真审核,做到会计科目使用正确,数字准确无误。打印出的机制记账凭证要加盖制单人员、审核人员、记账人员及会计机构负责人、会计主管人员印章或者签字。

第五十四条 各单位会计凭证的传递程序应当科学、合理,具体办法由各单位根据会计业务需要自行规定。

第五十五条 会计机构、会计人员要妥善保管会计凭证。

(一)会计凭证应当及时传递,不得积压。

(二)会计凭证登记完毕后,应当按照分类和编号顺序保管,不得散乱丢失。

(三)记账凭证应当连同所附的原始凭证或者原始凭证汇总表,按照编号顺序,折叠整齐,按期装订成册,并加具封面,注明单位名称、年度、月份和起讫日期、凭证种类、起讫号码,由装订人在装订线封签外签名或者盖章。对于数量过多的原始凭证,可以单独装订保管,在封面上注明记账凭证日期、编号、种类,同时在记账凭证上注明"附件另订"和原始凭证名称及编号。各种经济合同、存出保证金收据以及涉外文件等重要原始凭证,应当另编目录,单独登记保管,并在有关的记账凭证和原始凭证上相互注明日期和编号。

(四)原始凭证不得外借,其他单位如因特殊原因需要使用原始凭证时,经本单位会计机构负责人、会计主管人员批准,可以复制。向外单位提供的原始凭证复制件,应当在专设的登记簿上登记,并由提供人员和收取人员共同签名或者盖章。

(五)从外单位取得的原始凭证如有遗失,应当取得原开出单位盖有公章的证明,并注明原来凭证的号码、金额和内容等,由经办单位会计机构负责人、会计主管人员和单位领导人批准后,才能代作原始凭证。如果确实无法取得证明的,如火车、轮船、飞机票等凭证,由当事人写出详细情况,由经办单位会计机构负责人、会计主管人员和单位领导人批准后,代作原始凭证。

第三节 登记会计账簿

第五十六条 各单位应当按照国家统一会计制度的规定和会计业务的需要设置会计账簿。会计账簿包括总账、明细账、日记账和其他辅助性账簿。

第五十七条 现金日记账和银行存款日记账必须采用订本式账簿。不得用银行对账单或者其他方法代替日记账。

第五十八条 实行会计电算化的单位,用计算机打印的会计账簿必须连续编号,经审核无误后装订成册,并由记账人员和会计机构负责人、会计主管人员签字或者盖章。

第五十九条 启用会计账簿时,应当在账簿封面上写明单位名称和账簿名称。在账簿扉页上应当附启用表,内容包括:启用日期、账簿页数、记账人员和会计机构负责人、会计主管人员姓名,并加盖名章和单位公章。记账人员或者会计机构负责人、会计主管人员调动工作时,应当注明交接日期、接办人员或者监交人员姓名,并由交接双方人员签名或者盖章。启用订本式账簿,应当从第一页到最后一页顺序编定页数,不得跳页、缺号。使用活页式账页,应当按账户顺序编号,并须定期装订成册。装订后再按实际使用的账页顺序编定页码。另加目录,记明每个账户的名称和页次。

第六十条 会计人员应当根据审核无误的会计凭证登记会计账簿。登记账簿的基本要求是:

(一)登记会计账簿时,应当将会计凭证日期、编号、业务内容摘要、金额和其他有关资料逐项记入账内;做到数字准确、摘要清楚、登记及时、字迹工整。

(二)登记完毕后,要在记账凭证上签名或者盖章,并注明已经登账的符号,表示已经记账。

（三）账簿中书写的文字和数字上面要留有适当空格，不要写满格；一般应占格距的二分之一。

（四）登记账簿要用蓝黑墨水或者碳素墨水书写，不得使用圆珠笔（银行的复写账簿除外）或者铅笔书写。

（五）下列情况，可以用红色墨水记账：

1. 按照红字冲账的记账凭证，冲销错误记录；
2. 在不设借贷等栏的多栏式账页中，登记减少数；
3. 在三栏式账户的余额栏前，如未印明余额方向的，在余额栏内登记负数余额；
4. 根据国家统一会计制度的规定可以用红字登记的其他会计记录。

（六）各种账簿按页次顺序连续登记，不得跳行、隔页。如果发生跳行、隔页，应当将空行、空页划线注销，或者注明"此行空白""此页空白"字样，并由记账人员签名或者盖章。

（七）凡需要结出余额的账户，结出余额后，应当在"借或贷"等栏内写明"借"或者"贷"等字样。没有余额的账户，应当在"借或贷"等栏内写"平"字，并在余额栏内用"-0-"表示。现金日记账和银行存款日记账必须逐日结出余额。

（八）每一账页登记完毕结转下页时，应当结出本页合计数及余额，写在本页最后一行和下页第一行有关栏内，并在摘要栏内注明"过次页"和"承前页"字样；也可以将本页合计数及金额只写在下页第一行有关栏内，并在摘要栏内注明"承前页"字样。对需要结计本月发生额的账户，结计"过次页"的本页合计数应当为自本月初起至本页末止的发生额合计数；对需要结计本年累计发生额的账户，结计"过次页"的本页合计数应当为自年初起至本页末止的累计数；对既不需要结计本月发生额也不需要结计本年累计发生额的账户，可以只将每页末的余额结转次页。

第六十一条 实行会计电算化的单位，总账和明细账应当定期打印。发生收款和付款业务的，在输入收款凭证和付款凭证的当天必须打印出现金日记账和银行存款日记账，并与库存现金核对无误。

第六十二条 账簿记录发生错误，不准涂改、挖补、刮擦或者用药水消除字迹，不准重新抄写，必须按照下列方法进行更正：

（一）登记账簿时发生错误，应当将错误的文字或者数字划红线注销，但必须使原有字迹仍可辨认；然后在划线上方填写正确的文字或者数字，并由记账人员在更正处盖章。对于错误的数字，应当全部划红线更正，不得只更正其中的错误数字。对于文字错误，可只划去错误的部分。

（二）由于记账凭证错误而使账簿记录发生错误，应当按更正的记账凭证登记账簿。

第六十三条 各单位应当定期对会计账簿记录的有关数字与库存实物、货币资金、有价证券、往来单位或者个人等进行相互核对，保证账证相符、账账相符、账实相符。对账工作每年至少进行一次。

（一）账证核对。核对会计账簿记录与原始凭证、记账凭证的时间、凭证字号、内容、金额是否一致，记账方向是否相符。

（二）账账核对。核对不同会计账簿之间的账簿记录是否相符，包括：总账有关账户的余额核对，总账与明细账核对，总账与日记账核对，会计部门的财产物资明细账与财产物资保管和使用部门的有关明细账核对等。

（三）账实核对。核对会计账簿记录与财产等实有数额是否相符。包括：现金日记账账面余额与现金实际库存数相核对；银行存款日记账账面余额定期与银行对账单相核对；各种财物明细账账面余额与财物实存数额相核对；各种应收、应付款明细账账面余额与有关债务、债权单位或者个人核对等。

第六十四条 各单位应当按照规定定期结账。

（一）结账前，必须将本期内所发生的各项经济业务全部登记入账。

（二）结账时，应当结出每个账户的期末余额。需要结出当月发生额的，应当在摘要栏内注明"本月合计"字样，并在下面通栏划单红线。需要结出本年累计发生额的，应当在摘要栏内注明"本年累计"字样，并在下面通栏划单红线；12月末的"本年累计"就是全年累计发生额。全年累计发生额下面应当通栏划双红线。年度终了结账时，所有总账账户都应当结出全年发生额和年末余额。

（三）年度终了，要把各账户的余额结转到下一会计年度，并在摘要栏注明"结转下年"字样；在下一会计年度新建有关会计账簿的第一行余额栏内填写上年结转的余额，并在摘要栏注明"上年结转"字样。

第四节 编制财务报告

第六十五条 各单位必须按照国家统一会计制度的规定，定期编制财务报告。财务报告包括会计报表及其说明。会计报表包括会计报表主表、会计报表附表、会计报表附注。

第六十六条 各单位对外报送的财务报告应当根据国家统一会计制度规定的格式和要求编制。单位内部使用的财务报告，其格式和要求由各单位自行规定。

第六十七条 会计报表应当根据登记完整、核对无误的会计账簿记录和其他有关资料编制，做到数字真实、计算准确、内容完整、说明清楚。任何人不得篡改或者授意、指使、强令他人篡改会计报表的有关数字。

第六十八条 会计报表之间、会计报表各项目之间，凡有对应关系的数字，应当相互一致。本期会计报表与上期会计报表之间有关的数字应当相互衔接。如果不同会计年度会计报表中各项目的内容和核算方法有变更的，应当在年度会计报表中加以说明。

第六十九条 各单位应当按照国家统一会计制度的规定认真编写会计报表附注及其说明，做到项目齐全，内容完整。

第七十条 各单位应当按照国家规定的期限对外报送财务报告。对外报送的财务报告，应当依次编定页码，加具封面，装订成册，加盖公章。封面上应当注明：单位名称，单位地址，财务报告所属年度、季度、月度，送出日期，并由单位领导人、总会计师、会计机构负责人、会计主管人员签名或者盖章。单位领导人对财务报告的合法性、真实性负法律责任。

第七十一条 根据法律和国家有关规定应当对财务报告进行审计的，财务报告编制单位应当先行委托注册会计师进行审计，并将注册会计师出具的审计报告随同财务报告按照规定的期限报送有关部门。

第七十二条 如果发现对外报送的财务报告有错误，应当及时办理更正手续。除更正本单位留存的财务报告外,并应同时通知接受财务报告的单位更正。错误较多的,应当重新编报。

第四章 会计监督

第七十三条 各单位的会计机构、会计人员对本单位的经济活动进行会计监督。

第七十四条 会计机构、会计人员进行会计监督的依据是:

(一)财经法律、法规、规章;

(二)会计法律、法规和国家统一会计制度;

(三)各省、自治区、直辖市财政厅(局)和国务院业务主管部门根据《中华人民共和国会计法》和国家统一会计制度制定的具体实施办法或者补充规定;

(四)各单位根据《中华人民共和国会计法》和国家统一会计制度制定的单位内部会计管理制度;

(五)各单位内部的预算、财务计划、经济计划、业务计划。

第七十五条 会计机构、会计人员应当对原始凭证进行审核和监督。对不真实、不合法的原始凭证,不予受理。对弄虚作假、严重违法的原始凭证,在不予受理的同时,应当予以扣留,并及时向单位领导人报告,请求查明原因,追究当事人的责任。对记载不明确、不完整的原始凭证,予以退回,要求经办人员更正、补充。

第七十六条 会计机构、会计人员对伪造、变造、故意毁灭会计账簿或者账外设账行为,应当制止和纠正;制止和纠正无效的,应当向上级主管单位报告,请求作出处理。

第七十七条 会计机构、会计人员应当对实物、款项进行监督,督促建立并严格执行财产清查制度。发现账簿记录与实物、款项不符时,应当按照国家有关规定进行处理。超出会计机构、会计人员职权范围的,应当立即向本单位领导报告,请求查明原因,作出处理。

第七十八条 会计机构、会计人员对指使、强令编造、篡改财务报告行为,应当制止和纠正;制止和纠正无效的,应当向上级主管单位报告,请求处理。

第七十九条 会计机构、会计人员应当对财务收支进行监督。

(一)对审批手续不全的财务收支,应当退回,要求补充、更正。

(二)对违反规定不纳入单位统一会计核算的财务收支,应当制止和纠正。

(三)对违反国家统一的财政、财务、会计制度规定的财务收支,不予办理。

(四)对认为是违反国家统一的财政、财务、会计制度规定的财务收支,应当制止和纠正;制止和纠正无效的,应当向单位领导人提出书面意见请求处理。单位领导人应当在接到书面意见起十日内作出书面决定,并对决定承担责任。

(五)对违反国家统一的财政、财务、会计制度规定的财务收支,不予制止和纠正,又不向单位领导人提出书面意见的,也应当承担责任。

(六)对严重违反国家利益和社会公众利益的财务收支,应当向主管单位或者财政、审计、税务机关报告。

第八十条 会计机构、会计人员对违反单位内部会计管理制度的经济活动,应当制止和纠正;制止和纠正无效的,向单位领导人报告,请求处理。

第八十一条　会计机构、会计人员应当对单位制定的预算、财务计划、经济计划、业务计划的执行情况进行监督。

第八十二条　各单位必须依照法律和国家有关规定接受财政、审计、税务等机关的监督，如实提供会计凭证、会计账簿、会计报表和其他会计资料以及有关情况，不得拒绝、隐匿、谎报。

第八十三条　按照法律规定应当委托注册会计师进行审计的单位，应当委托注册会计师进行审计，并配合注册会计师的工作，如实提供会计凭证、会计账簿、会计报表和其他会计资料以及有关情况，不得拒绝、隐匿、谎报；不得示意注册会计师出具不当的审计报告。

第五章　内部会计管理制度

第八十四条　各单位应当根据《中华人民共和国会计法》和国家统一会计制度的规定，结合单位类型和内容管理的需要，建立健全相应的内部会计管理制度。

第八十五条　各单位制定内部会计管理制度应当遵循下列原则：

（一）应当执行法律、法规和国家统一的财务会计制度。

（二）应当体现本单位的生产经营、业务管理的特点和要求。

（三）应当全面规范本单位的各项会计工作，建立健全会计基础，保证会计工作的有序进行。

（四）应当科学、合理，便于操作和执行。

（五）应当定期检查执行情况。

（六）应当根据管理需要和执行中的问题不断完善。

第八十六条　各单位应当建立内部会计管理体系。主要内容包括：单位领导人、总会计师对会计工作的领导职责；会计部门及其会计机构负责人、会计主管人员的职责、权限；会计部门与其他职能部门的关系；会计核算的组织形式等。

第八十七条　各单位应当建立会计人员岗位责任制度。主要内容包括：会计人员的工作岗位设置；各会计工作岗位的职责和标准；各会计工作岗位的人员和具体分工；会计工作岗位轮换办法；对各会计工作岗位的考核办法。

第八十八条　各单位应当建立账务处理程序制度。主要内容包括：会计科目及其明细科目的设置和使用；会计凭证的格式、审核要求和传递程序；会计核算方法；会计账簿的设置；编制会计报表的种类和要求；单位会计指标体系。

第八十九条　各单位应当建立内部牵制制度。主要内容包括：内部牵制制度的原则；组织分工；出纳岗位的职责和限制条件；有关岗位的职责和权限。

第九十条　各单位应当建立稽核制度。主要内容包括：稽核工作的组织形式和具体分工；稽核工作的职责、权限；审核会计凭证和复核会计账簿、会计报表的方法。

第九十一条　各单位应当建立原始记录管理制度。主要内容包括：原始记录的内容和填制方法；原始记录的格式；原始记录的审核；原始记录填制人的责任；原始记录签署；传递、汇集要求。

第九十二条　各单位应当建立定额管理制度。主要内容包括：定额管理的范围；制定和修订定额的依据、程序和方法;定额的执行;定额考核和奖惩办法等。

第九十三条 各单位应当建立计量验收制度。主要内容包括:计量检测手段和方法;计量验收管理的要求;计量验收人员的责任和奖惩办法。

第九十四条 各单位应当建立财产清查制度。主要内容包括:财产清查的范围;财产清查的组织;财产清查的期限和方法;对财产清查中发现问题的处理办法;对财产管理人员的奖惩办法。

第九十五条 各单位应当建立财务收支审批制度。主要内容包括:财务收支审批人员和审批权限;财务收支审批程序;财务收支审批人员的责任。

第九十六条 实行成本核算的单位应当建立成本核算制度。主要内容包括:成本核算的对象;成本核算的方法和程序;成本、分析等。

第九十七条 各单位应当建立财务会计分析制度。主要内容包括:财务会计分析的主要内容;财务会计分析的基本要求和组织程序;财务会计分析的具体方法;财务会计分析报告的编写要求等。

第六章 附　则

第九十八条 本规范所称国家统一会计制度,是指由财政部制定、或者财政部与国务院有关部门联合制定、或者经财政部审核批准的在全国范围内统一执行的会计规章、准则、办法等规范性文件。本规范所称会计主管人员,是指不设置会计机构、只在其他机构中设置专职会计人员的单位行使会计机构负责人职权的人员。本规范第三章第二节和第三节关于填制会计凭证、登记会计账簿的规定,除特别指出外,一般适用于手工记账。实行会计电算化的单位,填制会计凭证和登记会计账簿的有关要求,应当符合财政部关于会计电算化的有关规定。

第九十九条 各省、自治区、直辖市财政厅(局)、国务院各业务主管部门可以根据本规范的原则,结合本地区、本部门的具体情况,制定具体实施办法,报财政部备案。

第一百条 本规范由财政部负责解释、修改。

第一百零一条 本规范自公布之日起实施。1984年4月24日财政部发布的《会计人员工作规则》同时废止。

附录4 会计核算的基本规范

会计核算是会计的基本职能之一,在会计基础工作中占有非常重要的位置。在实际工作中,会计基础工作中存在的问题,有很大一部分出现在会计核算这一环节上。因此,加强会计核算基础建设,对提高整个会计基础工作水平,起十分重要的作用。《规范》[①]从第三十六条至第七十二条对会计核算基础管理问题作出了具体规定。主要包括以下几个方面的内容:

(一) 会计核算的一般要求

会计核算的一般要求,是各单位在会计核算中应当遵循的最基本的规范。《规范》在第三章的第一节中主要规定了以下几点:

1. 各单位应当依法建账。《规范》第三十六条规定:"各单位应当按照《中华人民共和国会计法》和国家统一会计制度的规定建立会计账册,进行会计核算,及时提供合法、真实、准确、完整的会计信息。"这是会计核算工作的最基本的要求,也是当前会计工作中比较薄弱的一个环节,因此,《规范》进一步予以强调。"按照《中华人民共和国会计法》和国家统一会计制度的规定建立会计账册"有两层含义:一是依法建账,即国家机关、社会团体、企业、事业单位和应当建账的个体工商户、其他组织,都应当按照要求建立会计账册,进行会计核算。二是不具备建账条件的,应当实行代理记账;只有经批准实行定额纳税的个体工商户等,可以暂时不建账,但是从经营者了解经营情况、计算经营成果的实际需要出发,暂不建账的个体工商户等也应当积极创造条件建账,这对改善经营管理有百益而无一害。

2. 会计核算的内容。《规范》第三十七条规定了会计核算的基本内容。各单位对发生《规范》第三十七条所列举的会计事项,应当及时办理会计手续,进行会计核算。

3. 会计核算的基本要求。主要包括:

第一,会计核算应当以实际发生的经济业务为依据,按照规定的会计处理方法进行,保证会计指标的口径一致、相互可比和会计处理方法的前后各期相一致。

---

① 《规范》即指《会计基础工作规范》。

第二，会计年度采用公历制。

第三，原则上以人民币为记账本位币。

第四，会计凭证、会计账簿、会计报表和其他会计资料的内容和要求，必须符合国家统一会计制度的规定，不得伪造、变造会计凭证、会计账簿，不得设置账外账，不得报送虚假会计报表。这里的伪造，是指以虚假的经济业务为前提，编制虚假的会计凭证和会计账簿，达到以假充真的目的；变造，是指利用涂改、挖补或其他方法改变会计凭证、会计账簿的真实内容，以达到非法目的；设置账外账，是指在正常的会计账簿之外另设置一套或者多套会计账簿，将一项经济业务的核算在不同的会计账簿之间采取种种手段作出不同的反映，或者将一项经济业务不通过正常的会计账簿予以反映，而是通过另设的会计账簿进行核算，以达到隐瞒真实情况、损害国家和社会公众利益等非法目的。伪造、变造会计凭证、会计账簿，设置账外账，编制虚假会计报表等，都是一种严重的违法行为，必须予以制止和纠正。

第五，允许各单位在按照国家统一会计制度要求的前提下自行设置和使用会计科目。主要考虑的是，随着会计核算制度改革的进一步深化，会计核算工作将逐步实行在会计准则的统一规范下由基层单位自行组织的模式，基层单位对会计科目的选择和使用有较大的自主权和灵活性，但不是说基层单位可以随意使用、甚至乱用会计科目，应当有一定的前提条件：一是设置和使用的会计科目，其核算的内容应当符合包括会计准则在内的国家统一会计制度的规定；二是所使用的会计科目应当能够满足编制统一会计报表的要求，保证会计报表各项目的数据来源合法、真实、准确、完整。同时，对事业行政单位作为例外，即要求事业行政单位设置和使用会计科目应当符合国家统一事业行政单位会计制度的规定，以适应国家预算管理的要求。在上述前提下，允许基层单位自主设置和使用会计科目，有利于会计科目的设置和使用紧密结合单位的会计工作和经营管理需要。当然，自主设置和使用会计科目，要求各单位会计人员的素质等条件必须与之相适应，因此，设置和使用会计科目的权限问题，应当按照国家的统一规定进行。

第六，实行会计电算化的单位，所使用的会计软件和电子计算机生成的会计凭证、会计账簿、会计报表等会计资料应当符合国家有关规定。这方面，财政部已经发布了《会计电算化管理方法》《会计核算软件基本功能规范》等章程，对有关问题作出了具体规定。

第七，会计档案应当按照《会计档案管理办法》的规定进行妥善保管。实行会计电算化的单位，有关电子数据及相应软件资料、文字资料等，应当视同会计档案进行管理。

第八，会计记录文字。会计记录的文字应当使用中文，少数民族自治地区可以同时使用少数民族文字，在中国境内的外商投资企业、外国企业和其他外国经济组织也可以同时使用某种外国文字。这样要求，既统一了会计记录的文字，也兼顾了不同语种的实际情况。

(二) 填制会计凭证

会计凭证是记录经济业务发生和完成情况的书面证明,是记账的重要依据。填制会计凭证是一项基础性工作,对会计核算过程、会计信息质量等起至关重要的作用,做好这项工作,要求会计人员有扎实的基本功、细致的工作作风和高度负责的责任心。《规范》对填制会计凭证作了以下几个方面的规定:

1.原始凭证。原始凭证是证明经济业务已经发生,明确经济责任,并用作记账原始依据的一种凭证,它是会计核算的重要资料。因此,办理会计事项,必须取得或者填制原始凭证,并及时送交会计机构,以保证会计核算工作得以顺利进行;同时,为了保持原始凭证记录的实际情况,对原始凭证不能涂改、挖补,如果发现原始凭证有错误的,应当由开出单位重开或者更正,更正处应当加盖开出单位的公章。根据《规范》规定,原始凭证必须具备的基本要素是:凭证的名称;填制凭证的名称;经办人员的签名或者盖章;接受凭证单位名称;经济业务内容、数量、单价和金额。

对一些特殊情况的原始凭证,《规范》规定除应当具备原始凭证的上述内容以外,还应当符合一定的附加条件。具体是:

第一,从外单位取得的原始凭证,必须盖有填制单位的公章;相应地,对外开出的原始凭证,必须加盖本单位的公章。从个人取得的原始凭证,必须有填制人员的签名或盖章。在实际工作中,有些单位存在"白条"问题,即用单位或个人开具的,没有固定格式的,不具备规定内容的非正式的原始凭证,如外单位没有加盖公章借款单据等。显然,用"白条"充当原始凭证是不符合制度要求的,在会计工作中应当避免出现"白条"。

这里所说的"公章",是指具有法律效力和特殊用途,能够证明单位的身份和性质的印鉴,包括业务公章,财务专用章,发票专用章,结算专用章等。不同的行业,单位对票据上的单位公章有不同的要求,因此,《规范》对单位公章具体指哪种印章没有作出统一的规定。

第二,自制的原始凭证,必须有经办单位的领导人或者由单位领导人指定的人员签名或者盖章。

第三,购买实物的原始凭证,必须有验收证明。这样的要求,目的是为了明确经济责任,保证账实相符,防止盲目采购,避免物资短缺或流失。实物验收工作有经管实物的人员负责办理,会计人员通过有关的原始凭证进行监督检查。需要入库的实物,必须填写入库验收单。由实物保管人员验收后入库单上如实填写实收数额,并加盖印章;不需要入库的实物,除经办人员在凭证上签章外,必须交给实物保管人员或者使用人员进行验收,由实物保管人员或者使用人员进行在凭证上签名或者盖章。总之,必须有购买人以外的第二者查证核实后,会计人员才能据以入账。

第四,支付款项的原始凭证,必须有收款单位和收款人的收款证明,不能仅以支付有关凭证等代替。其目的是为了防止舞弊行为的发生。

第五，发生销货退回的，除填制退货发票外，还必须有退货验收证明；退款时，必须取得对方的收款收据或者汇款银行的凭证，不得以退货发票代替收据。在实际工作中，有些单位发生销售退回，收到的退货没有验收证明，造成退货流失；在办理退款时，开出红字发票，并以红字发票副本作为本单位付款的原始凭证，既不经对方单位盖章收讫，也不附对方单位收到退款的收据。这种做法容易发生舞弊行为，漏洞很大。因此，发生销货退回及退还货款时，必须填制退货发票并附有退货验收证明和对方的收款收据。如果由于特殊情况，可先用银行的有关凭证作为临时收据，待收到收款单位的收款证明后，再将其附在原付款凭证之后，作为正式原始凭证。

第六，职工公出借款凭据，必须附在记账凭证之后。收回借款时，应当另开收据或者退还借款副本，不得退还原借款收据。因为，借款和还回借款，是互有联系的两项经济业务，在借款和还回借款发生时，必须分别在会计账目上独自反映出来，因此，借款收据和收还借款的收据都是原始凭证，必须予以保留，不能将原借款收据退还借款人；否则，将会使会计资料失去完整性。

第七，经上级有关部门批准的经济业务，应当将批准文件作为原始凭证附件。如果批准文件需要单独归档的，应当在凭证上注明文件的批准机关名称、日期和文号，以便确认经济业务的审批情况和查阅。

2. 记账凭证。记账凭证是用来确定经济业务性质和分类即会计分录的一种凭证。会计人员必须根据审核无误的原始凭证填制记账凭证。记账凭证可以分为收款凭证、付款凭证和转账凭证，也可以使用通用记账凭证。这主要由各单位根据会计业务量的多少和会计人员的习惯选择使用。《规范》对记账凭证的基本要求作了下列规定：

第一，记账凭证必须具备的内容。包括：填制凭证的日期；凭证的编号；经济业务摘要；会计科目；金额；所附原始凭证张数；填制凭证人员，稽核人员；记账人员；会计结构负责人（会计主管人员）签名或盖章，收付款的记账凭证还应当有出纳人员签名或盖章。以自制的原始凭证或者原始凭证汇总表代替记账凭证的，也必须具备记账凭证应有的项目。

第二，填制记账凭证时，应当对记账凭证进行连续编号。目的是为了分清会计事项处理的先后顺序，便于记账凭证与会计账簿核对，确保记账凭证完整无缺，编号的方法可以有多种，可以分别现金收付、现金支出、银行存款收入、银行存款支出和转账五类进行编号，也有再将转账业务按照具体内容分成几类编号。各单位应当根据本单位业务繁简程度和人员多寡、分工情况来选择便于记账、查账、内部稽核、简单严密的编号方法，无论采用哪一类编号方法，都应当按月顺序编号，即每月从第1号编起，顺序编至月末。一笔经济业务需要填制两张或者两张以上记账凭证的，可以采用分数编号法编号，如第1号会计事项分录需要填制三张记账凭证，即可编制成 $1\frac{1}{3}$ 号、$1\frac{2}{3}$ 号、$1\frac{3}{3}$ 号。

第三，记账凭证可以根据每一张原始凭证填制，或者根据若干张同类原始凭证汇总填制,也可以根据原始凭证汇总表填制,但不得将不同内容和类别的原始凭证汇总填制在一张记账凭证上;否则,经济业务的具体内容不清楚,难以填写摘要,会计科目也因没有明确的对应关系而看不清经济业务的来龙去脉,这样填制记账凭证,不仅凭证本身记录不清楚,也容易造成会计账簿记账的错误,给记账、算账人员带来困难。

第四,除结账和更正错误的记账凭证可以不附原始凭证外,其他记账凭证必须附原始凭证,并注明所附原始凭证的张数。所附原始凭证张数的计算,一般应以原始凭证的自然张数为准。凡是与记账凭证中的经济业务记录有关的每一张凭据,都应作为原始凭证的附件。如果记账凭证中附有原始凭证汇总表,应该把所附的原始凭证和原始凭证汇总表的张数一起计入附件张数之内。但对于报销差旅费等零散票券,可以粘贴在一张纸上,作为一张原始凭证。如果一张原始凭证涉及几张记账凭证的,可以把原始凭证附在一张主要的记账凭证后面,并在其他记账凭证上注明附有该原始凭证的记账凭证的编号或者原始凭证复印件。

第五,原始凭证分割单的填制。原始凭证分割单是指一张原始凭证所列的费用应由两个以上单位共同负担的情况下,保存原始凭证的主办单位开给其他应负担费用支出的单位的证明。这种分割单必须具备原始凭证的基本内容,包括:凭证名称,填制凭证日期,填制凭证单位名称或者填制人姓名,经办人员的签名或者盖章,接受凭证单位名称,经济业务内容,数量,单价,金额和费用分摊情况等。

第六,记账凭证的改错方法。如果在填制记账凭证时发生错误,应当重新填制。如果是已经登记入账的记账凭证在当年内发现错误的,可以用红字注销法进行更正。如果汇集科目没有错误,只是金额错误,可以将正确数字与错误数字之间的差额,另编一张调整的记账凭证。如果发现以前年度记账凭证有错误的,应当用蓝字填制一张更正的记账凭证。

第七,记账凭证填制完经济业务事项后,如有空行,应当自最后一笔金额数字下的空行处至合计数上的空行处划线注销。目的是堵塞漏洞,严密会计核算手续。

第八,机制记账凭证的要求。实行会计电算化的单位,对于机制记账凭证应当符合记账凭证的一般要求,打印出来的机制记账凭证要加盖制单人员、审核人员、记账人员及会计机构负责人、会计主管人员印章或者签字,以加强审核,明确责任。

3. 会计凭证的字迹和保管要求。会计凭证是重要的会计核算资料,因此,填制会计凭证字迹必须清晰、工整,以便于辨认和防止篡改。《规范》对填制会计凭证时的阿拉伯数字、汉字大写金额数字、货币符号等的书写都作了具体规定,会计人员在填制会计凭证时,应当严格按照规范要求。

对于会计凭证的保管,《规范》作出了以下具体规定:

第一,会计凭证要及时传递,不得积压,以保证跨级核算的及时、正常运行。

第二,会计凭证登记完毕后,应当按照分类和编号顺序保管,特别是记账凭证应当同所附的原始凭证等要按照规定的要求装订、保管,不得散失。

第三,原始凭证不得外借,其他单位确需借用的,可以提供复制件,但应当履行严格的报批和借用登记手续。

第四,原始凭证如有遗失,应当按照规定的要求取得相应证明,并办理审核和报批手续。

应当说明的是,《规范》对于填制会计凭证的有关规定,除特别指出的外,主要适用于手工记账,对于实行会计电算化的单位,填制会计凭证的有关要求还应当符合财政部关于会计电算化方面的规定。

(三) 登记会计账簿

会计账簿是全面记录和反映一个单位经济业务,把大量分散的数据或资料进行归类整理,逐步加工成有用会计信息的簿籍,它是编制会计报表的重要依据。登记会计账簿,是会计核算工作的重要环节。因此,《规范》对登记会计账簿作出以下规定:

1. 会计账簿的设置。各单位应当按照国家统一会计制度的规定和会计业务的需要设置会计账簿。会计账簿包括总账、明细账、日记账和其他辅助性账簿。每一项会计事项,一方面要记入有关的总账;另一方面要记入该总账所属的明细账。

总账的形式,《规范》未作统一规定,可以采用"三栏式"的订本账或者活页账,也可以采用棋盘式总账,还可以采用具有期初余额、本期发生额和期末余额的科目汇总表代替总账。各单位可以根据实际情况自行选择总账。

明细账可以有多种形式,有订本式、活页式、三栏式、多栏式等。各单位可以自行选择。

日记账是一种特殊的明细账,如现金日记账和银行存款日记账,为了加强现金和银行存款的管理,手工记账的单位,现金日记账和银行存款日记账必须采用订本式账簿,不得用银行对账单或者其他方法代替日记账。

实行会计电算化的单位,用计算机打印的会计账簿必须连续编号,经审核无误后装订成册,并由记账人员和会计机构负责人、会计主管人员签字或者盖章,以防止账页的散失和被抽换,保证会计资料的完整。

2. 会计账簿的启用。启用新的会计账簿时,应当在账簿封面上写明单位名称和账簿名称,并填写账簿扉页上的"启用表",注明启用日期、账簿起止页数(活页式账簿,可以装订时填写起止页数)、记账人员和会计负责人、会计主管人员姓名等,并加盖名章和单位公章。当记账人员或者会计机构负责人、会计主管人员调动工作时,也要在"启用表"上注明交接日期、接办人员和监交人员姓名,并由交接双方签字或者盖章。这样做是为了明确有关人员的责任,加强有关人员的责任感,维护会计账簿记录的严肃性。

3. 会计账簿的登记。会计人员应该根据审核无误的会计凭证登记会计账簿。至于各种会计账簿应当每隔多长时间登记一次,《规范》未作统一规定。一般来说,总账要按照单位所采用的会计核算形式及时记账。采用记账凭证核算形式的单位,直接根据记账凭证定期(3天、5天或者10天)登记,在这种核算形式下,应当尽可能地根据原始凭证填制原始凭证汇总表,根据原始凭证汇总表和原始凭证填制记账凭证,根据记账凭证登记总账;采用科目汇总表核算形式的单位,可以根据定期汇总编制的科目汇总表随时登记总账;采用汇总记账凭证核算形式的单位,可以根据汇总收款凭证、汇总付款凭证和汇总转账凭证的合计数,月终时一次登记总账。各单位具体采用哪一种会计核算形式,每隔几天登记一次总账,可以由本单位根据实际情况自行确定。各种明细账,要根据原始凭证、原始凭证汇总表和记账凭证每天进行登记,也可以定期(3天或者5天)登记。但债权债务明细账和财产物资明细账应当每天登记,以便随时与对方单位结算,核对库存余额,现金日记账和银行存款日记账,应当根据办理完毕的收付凭证,随时逐笔顺序进行登记,最少每天登记一次。

对于登记会计账簿的具体要求,《规范》规定如下:

第一,登记会计账簿时,应当将会计凭证日期、编号、业务内容摘要、金额和其他有关资料逐项记入账内。登记完毕后,记账人员要在记账凭证上签名或盖章,并注明已经登账的符号(如打"√"等)。

第二,各种账簿要按页次顺序连续登记,不得跳行、隔页。除制度规定允许用红色墨水登账的情况外,不得用圆珠笔(银行的复写账簿除外)或者铅笔写。账簿中书写的文字和数字一般应占格距的二分之一,以便留有改错的空间。

第三,凡需结出余额的账户,应当定期结出余额。现金日记账和银行存款日记账必须每天结出余额。每一账页登记完毕结转下页时,应当结出本页合计数和余额,写在本页最后一行和下页第一行有关栏内,并在摘要栏内注明"过次页"和"承前页"字样。对"过次页"的本页合计数如何计算,一般分为三种情况:需要结计本月发生额的账户,结计"过次页"的本页合计数应当为自本月初起至本页末止的发生额合计数;需要结计本年累计发生额的账户,结计"过次页"的本页合计数应当为自年初起至本页末止的累计数;既不需要结计本月发生额也不需要结计本年累计发生额的账户,可以只将每页末的余额结转次页。

4. 账簿记录的错误更正。如果会计账簿记录发生错误,不允许用涂改、挖补、刮擦、药水消除字迹等手段更正错误,也不允许重抄,而应当根据情况,按照规定采用划线更正法等进行更正;由于记账凭证错误而使账簿记录发生错误,应当首先更正记账凭证,然后再按更正的记账凭证登记账簿。

5. 对账

对账就是核对账目。会计核算要求账簿登记清晰、准确,但在实际工作中,由于种种原因,账目难免会出现错漏。因此,经常需要进行对账,即将会计账簿记录的有关数字与库存实物、货币资金、有价证券、往来单位或者个人等进行相互核对,保证账证相符、账账相符、账实相符。《规范》要求,各单位的对账工作每年至少进行一次。

6. 结账。结账是在本期内所发生的经济业务全部登记入账的基础上,按照规定的方法对该期内的账簿记录进行小结,算出本期发生额合计和余额,并将其余额结转下期或者转入新账。为了正确反映一定时期内在账簿记录中已经记录的经济业务,总结有关经济业务活动和财务状况,各单位必须在会计期末进行结账。结账时应当根据不同的账户记录,分别采用不同的方法:

第一,对不需要按月结计本期发生额的账户,如各项应收应付款明细账和各项财产物资明细账等,每次记账以后,都要随时结出余额,每月最后一笔余额即为月末余额。也就是说,月末余额就是本月最后一笔经济业务记录的同一行内的余额。月末结账时,只需要在最后一笔经济业务记录之下通栏划红单线,不需要再结计一次余额。划线的目的,是为了突出有关数字,表示本期的会计记录已经截止或者结束,并将本期与下期的记录明显分开。

第二,现金、银行存款日记账和需要按月结计发生额的收入、费用等明细账,每月结账时,要在最后一笔经济业务记录下面通栏划红单线,结出本月发生额和余额,在摘要栏内注明"本月合计"字样,在下面再通栏划红单线。

第三,需要结计本年累计发生额的某些明细账户,每月结账时,应在"本月合计"行下结出自年初起至本月末止的累计发生额,登记在月份发生额下面,在摘要栏内注明"本年累计"字样并在下面再通栏划红单线。12月末的"本年累计"就是全年累计发生额,全年累计发生额下通栏划红双线。

第四,总账账户平时只需结出月末余额。年终结账时,为了总括反映本年全年各项资金运动情况的全貌,核对账目,要将所有总账账户结出全年发生额和年末余额,在摘要栏内注明"本年合计"字样,并在合计数下通栏划红双线。采用棋盘式总账和科目汇总表代总账的单位,年终结账,应当汇编一张全年合计的科目汇总表和棋盘式总账。

年度终了结账时,有余额的账户,要将其余额结转下年。结转的方法是,将有余额账户的余额直接计入新账余额栏内,不需要编制记账凭证,也不必将余额再记入本年账户的借方或贷方,使本年有余额账户的余额变为零。因为,既然年末是有余额的账户,其余额应当如实地在账户中加以反映;否则,容易混淆有余额账户和没有余额账户的区别。

对于新的会计年度建账问题,一般来说,总账、日记账和多数明细账应每年更换一次。但有些财产物资明细账和债权债务明细账,由于材料品种、规格和往来单位较多,更换新账,重抄一遍工作量较大,因此,可以跨年度使用,不必每年度更换一次。各种备查簿也可以连续使用。

《规范》对登记会计账簿的有关规定,除特别指出的外,主要适用于手工记账;实行会计电算化的单位,登记会计账簿还应当符合财政部关于会计电算化的有关规定。

(四)编制财务报告

财务报告是一个单位向有关方面和国家有关部门提供财务状况和经济成果的书面文件。财务报告包括会计报表及其说明。"财务报告"的提法,是1992年企业财务会计制度改革以后出现的,以前一般称"会计报表"或"财务报表"。有意见认为,"财务报告"的提法仅适用于企业单位,不适用于事业行政等单位,因为事业行政单位会计制度仍采用"会计报表"的提法。一般而言,会计报表是指会计报表主表、会计报表附表,会计报表附注,会计报表加上有关文字说明即为财务报告,因此,事业行政单位会计制度中的"会计报表",实际上具备了财务报告的基本要素,应当视同为财务报告。为了统一,《规范》使用了"财务报告"的提法。

编制财务报告,是对会计核算工作的全面总结,也是及时提供合法、真实、准确、完整会计信息的重要环节。实际工作中存在的会计信息失真问题,很大程度上是在编制财务报告环节有意违纪或技术性差错造成的。因此,必须严格财务报告的编制程序和质量要求。《规范》主要作了以下规定:

1. 各单位必须按照国家统一会计制度规定定期编制财务报告。财务报告可以分月度、季度、半年度、年度等编制。对外报送的财务报告的格式、编制要求、报送期限应当符合国家有关规定;单位内部使用的财务报告,其格式和要求由各单位自行规定。

2. 会计报表应当根据登记完整、核对无误的会计账簿记录和其他有关资料编制,做到数字真实、计算准确、内容完整、说明清楚。任何人不得篡改或者授意、指使、强令他人篡改财务报告数字。

3. 会计报表之间、会计报表各项目之间,凡有对应关系的数字,应当相互对应。

4. 单位领导人对报送的财务报告的合法性、真实性负法律责任。

5. 根据法律和有关规定应当对财务报告进行审计的,财务报告编制单位应当先行委托注册会计师进行审计,并将注册会计师出具的审计报告一并报送有关部门。

教学课件索取单

敬爱的老师:

感谢您使用我们出版社的教材。为了方便教学,教材配有相关教学课件。如果您需要,请您填写下面表格中的相关信息,并以电子邮件的形式发到我社,我们在核对您的信息后,即免费向您提供教学课件。

我们的联系方式:

地址:上海市中山西路 2230 号 1 号楼 1507 室　　邮编:200235
　　　立信会计出版社　　　　　　　　　　　　　电话:(021)64411223(O)
电子邮件:victoria_tysx@126.com

教材名称				作者姓名	
教师姓名		性别		身份证号	
学　　校		院系		教研室	
学校地址				邮　编	
职　　务		职称		办公电话	
E-mail		手机		宅　电	
通信地址				邮　编	
所选教材		教材用量		册	
委托订购单位					

您对本教材的意见和建议是: